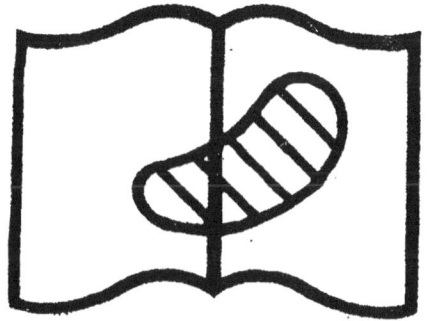

Couvertures supérieure et inférieure
en couleur

HISTOIRE DES DOCTRINES PSYCHOLOGIQUES CONTEMPORAINES

————

LES

FONCTIONS DU CERVEAU

DOCTRINES DE F. GOLTZ

Leçons professées à l'École pratique des Hautes Études (1885)

PAR

JULES SOURY

Maître de conférences à l'École pratique des Hautes Études

PARIS

LIBRAIRIE J.-B. BAILLIÈRE ET FILS
Rue Hautefeuille, 19, près le boulevard St-Germain.

LONDRES — BAILLIÈRE, TINDALL AND COX | MADRID — FUENTES Y CAPDEVILLE
20, King William Street, Strand. | 8, plaza Topete.

1886

HISTOIRE DES DOCTRINES PSYCHOLOGIQUES CONTEMPORAINES

LES FONCTIONS DU CERVEAU

EXAMEN CRITIQUE

DES DOCTRINES DE F. GOLTZ

DU MÊME AUTEUR

Théories naturalistes du monde et de la vie dans l'antiquité. 1 vol., 1881. Charpentier.

Philosophie naturelle. 1 vol., 1882. Charpentier.

Bréviaire de l'histoire du matérialisme. 1 vol., 1881. Charpentier.

De hylozoismo apud recentiores. 1 vol., 1881. Charpentier.

Études historiques sur les religions, les arts, la civilisation de l'Asie occidentale et de la Grèce. 1 vol., 1877. Ch. Reinwald.

Jésus et les évangiles. 1 vol., 1878. Charpentier.

Essais de critique religieuse. 1 vol., 1878. E. Leroux.

Études de psychologie historique :

    I. Portraits de femmes. 1 vol., 1875. Sandoz et Fischbacher.
    II. Portraits du XVIIIᵉ siècle. 1 vol., 1879. Charpentier.

Les doctrines psychologiques contemporaines. Br., 1883. J.-B. Baillière et fils.

Des études hébraïques et exégétiques chez les chrétiens d'Occident au moyen age. Br., 1867.

La bible et l'archéologie. Br., 1872.

Luther exégète de l'Ancien et du Nouveau Testament. Br., 1871.

Traductions

Essais de psychologie cellulaire, par Ernest Haeckel. 1 vol. Alcan.

Le règne des protistes. Aperçu sur la morphologie des êtres vivants les plus inférieurs, par Ernest Haeckel. 1 vol. Ch. Reinwald.

Les preuves du transformisme, par Ernest Haeckel. 1 vol. Alcan.

Éléments de physiologie générale, par W. Preyer. 1 vol. Alcan.

Les sciences naturelles et la philosophie de l'inconscient, par Oscar Schmidt (avec le Dr Édouard Meyer). 1 vol. Alcan.

Histoire du sens des couleurs, par Hugo Magnus. 1 vol. Reinwald.

Histoire littéraire de l'Ancien Testament, par Th. Noeldeke (avec Hartwig Derenbourg). 1 vol. Fischbacher.

Morbid psychology. Studies on Jesus and the gospels. The Free-thought publishing Co. London. 1881. 1 vol.

LES

FONCTIONS DU CERVEAU

DOCTRINES DE F. GOLTZ

Leçons professées à l'École pratique des Hautes Études (1885)

PAR

JULES SOURY

Maître de conférences à l'École pratique des Hautes Études

PARIS

LIBRAIRIE J.-B. BAILLIÈRE ET FILS
Rue Hautefeuille, 19, près le boulevard St-Germain.

LONDRES — BAILLIÈRE, TINDALL AND COX | MADRID — FUENTES Y CAPDEVILLE
20, King William Street, Strand. | 6, plaza Topete.

1886

LES

FONCTIONS DU CERVEAU

DOCTRINES DE F. GOLTZ

Leçons professées à l'École pratique des Hautes Études

Par JULES SOURY

Toute la fin de ce siècle et le siècle futur n'auront vraisemblablement pas de problème plus élevé à étudier, sinon à
résoudre, que celui des fonctions du système nerveux en
général, et du cerveau en particulier. Après Vieussens, Gall,
Gratiolet, Luys et Meynert, les grandes lignes principales du
système nerveux central ont été esquissées ; mais que de territoires encore, que de vastes espaces sur la carte du monde cérébral où l'on pourrait écrire *terra incognita*! Quant à la physiologie cérébrale, quant à l'étude expérimentale des fonctions
du cerveau, jusqu'en 1870 Flourens est resté le maître de l'empire qu'il avait conquis. Mais, depuis la grande découverte de
Fritsch et de Hitzig, depuis les travaux de Ferrier, de Carville
et Duret, de Gudden, de Goltz, de Munk surtout, de Luciani et
d'Exner, on peut dire que la physiologie du système nerveux
a été renouvelée, et que, par la doctrine expérimentale des

localisations cérébrales, la psychologie, la science des fonctions de l'innervation supérieure, a pour la première fois trouvé un solide fondement.

L'ardente passion qui enflammait ces investigateurs, et qui s'est propagée aux pathologistes, comme en témoignent les travaux de Charcot et de son école en France, est loin d'être refroidie. Le temps paraît venu cependant, pour la critique et pour l'histoire, de recueillir les faits et de comparer les doctrines des diverses écoles dont nous venons de nommer les maîtres. C'est le propre de toute étude vivante, en voie d'élaboration, de produire des hypothèses et des théories non seulement discordantes, mais en apparence contraires et inconciliables. Ces divergences d'opinion ne paraissent peut-être nulle part avec plus d'éclat que dans l'étude des fonctions du cerveau, ce qui s'explique tout naturellement par l'étendue et la complexité immenses du sujet. Or ces difficultés, loin de nous détourner de la voie ardue, sont à la fois une promesse et un gage de jouissances élevées pour qui sait s'élever au-dessus d'elles, pour qui peut se flatter d'arriver à les dominer par un travail patient et d'en voir s'évanouir, dans une synthèse supérieure, les contradictions apparentes.

Nous voudrions, en nous plaçant uniquement au point de vue de l'histoire critique des doctrines de psychologie physiologique contemporaines, exposer les faits et les idées du professeur Frédéric Goltz, de Strasbourg, sur les fonctions du cerveau.

Si nous inaugurons précisément cette série d'études par l'examen des doctrines de l'adversaire le plus décidé des idées actuelles sur les localisations cérébrales, c'est d'abord parce que le premier devoir de la critique est de rendre hommage à la science, à la longue patience et à la sincérité d'un dissident. Quoi qu'on puisse penser de la valeur démonstrative des expériences physiologiques de Goltz dans la question qui nous occupe, on doit reconnaître que ces expériences ont été continuées plus longtemps, et avec plus de sollicitude peut-être, par cet éminent physiologiste, que par personne. Au cours de ses investigations, Goltz a d'ailleurs trouvé et établi un ou deux principes d'une rare fécondité en physiologie et en pathologie, et qui ont bientôt été en partie adoptés par tout le monde : je veux parler des phénomènes permanents de déficit et des phénomènes transitoires d'arrêt ou d'inhibition. Enfin, il importe de ne point paraître ignorer les objections des adversaires

d'une doctrine, ou, si l'on veut, d'une hypothèse, qui, comme
le transformisme, s'imposera fatalement d'elle-même si elle est
vraie, c'est-à-dire si elle explique le plus grand nombre de faits
connus et n'est en contradiction avec aucun.

Nous assistons, dans l'ancien comme dans le nouveau monde,
au triomphe rapide et sûr des idées localisatrices en anatomie,
en physiologie et en pathologie cérébrales. Ce triomphe, il
n'appartient pas plus à Goltz qu'à qui que ce soit de l'em-
pêcher ou même de le retarder. La lutte a même à peu près
cessé sur le terrain des localisations psycho-motrices. Aux
yeux de la plupart des cliniciens, des aliénistes, des chirur-
giens, ce ne sont plus là des théories, mais des faits, des faits
mille fois vérifiés et toujours vérifiables, et qui, comme tels,
ont déjà droit de cité dans les manuels et dans l'enseignement
supérieur. Il n'en va pas encore ainsi pour les localisations
cérébrales psycho - sensitives et psycho-sensorielles : nous
insisterons donc plus particulièrement sur ces délicates questions, d'une portée considérable, puisqu'il s'agit des sensations,
c'est-à-dire des éléments constituants des fonctions psychiques
qu'on désigne sous le nom d'intelligence ou d'entendement.

I. — La Méthode et le But.

De 1876 à 1884, Frédéric Goltz a publié cinq mémoires considérables, dans les *Archives* de Pflüger (1), sur les fonctions
du cerveau. Ce sont ces documents, remplis de faits, d'expériences et d'observations originales, que nous analyserons.
Nous avons aussi sous les yeux les deux articles fort piquants
que ce savant, qui est homme de beaucoup d'esprit et excel-
lent écrivain, vient de faire paraître sur le même sujet dans les
numéros de novembre et de décembre 1885 de la *Revue des
Deux-Mondes* de l'Allemagne, la *Deutsche Rundschau.*

Disons d'abord quelques mots des principales méthodes qui
ont servi à l'auteur pour atteindre ses résultats. Le manuel
opératoire auquel il est resté le plus longtemps fidèle consis-
tait, on le sait, à déterminer, au moyen d'un violent jet
d'eau continu, injecté à travers un trou pratiqué dans la
région temporale, de vastes lésions destructives de la subs-

---

(1) *Archiv für die gesammte Physiologie*. 1ᵉ Mémoire (1876), XIII ;
2ᵉ Mémoire (1876), XIV ; 3ᵉ Mémoire (1879), XX; 4ᵉ Mémoire (1881),
XXVI ; 5ᵉ Mémoire (1884), XXXIV. — *V. Ueber die Verrichtungen des
Grosshirns*, Bonn, 1881.

tance grise corticale. Loin d'être limitées à la couche superficielle du cerveau, ces lésions atteignaient fréquemment non
seulement la substance blanche sous-jacente, mais s'étendaient parfois jusqu'aux corps striés et aux couches optiques,
ainsi que Goltz lui-même ne fait pas de difficulté de le reconnaître (1). Seuls, les tubercules quadrijumaux, les pédoncules
cérébraux, le pont de Varole et le cervelet seraient toujours
demeurés pleinement indemnes. La meilleure critique de ce
procédé opératoire a été faite par David Ferrier, de Londres,
qui s'exprime ainsi : « Goltz emploie cette méthode afin d'é-
viter les risques d'hémorragie et de méningite consécutives
et de conserver l'animal en vie le plus longtemps possible.
Nous pouvons admettre qu'il atteint ce dernier but plus ou
moins, mais il est évidemment impossible de savoir quelle
étendue de substance cérébrale est ainsi mise hors d'état de
fonctionner... Goltz lui-même admet qu'il est impossible de
savoir combien de substance grise est détruite ou réduite à
l'impuissance fonctionnelle, et nulle part il ne l'essaie dans le
récit qu'il donne de ses expériences. Ce sont là des objections
fatales aux théories de Goltz sur la question des localisations
cérébrales... L'endroit que choisit Goltz pour y appliquer le
trépan et injecter de l'eau est tel, qu'il est presque impossible
de r pas léser à tout coup les fibres sensitives de la capsule
inte `; il a, en opérant grossièrement, atteint en fait les
résultats obtenus par Veyssière dans ses expériences délicates
avec limitation exacte des lésions expérimentales (2). »

Dès le 4e mémoire (1881), Goltz abandonne cette méthode
opératoire qui a, dit-il, été « taxée de grossière » ; il produit
des lésions cérébrales, toujours sans hémorragie véritable,
au moyen de piqûres d'aiguilles à coudre soudées à une plaque
de cuivre, placée dans un tube muni d'un ressort à spirale.
L'usage de cet ingénieux instrument d'acupuncture, de son
invention, lui parut d'abord plus favorable que celui de la cu-
rette et du couteau (3).

Pourtant, dans le cinquième mémoire(1884), il annonce qu'il
ne s'est servi que d'instruments tranchants pour réaliser des

(1) 2e Mém., p. 439.
(2) De la localisation des maladies cérébrales (1880), par David Ferrier,
p. 185, de la traduction de M. H.-C. de Varigny.
(3) Goltz, et après lui son disciple Jacques Loeb, se sont aussi beaucoup servi de la machine à forer de White, instrument surtout employé
par les dentistes.

lésions strictement limitées. Après les paroles de Ferrier, que nous avons citées, il est inutile de rappeler les objections tout à fait décisives, semble-t-il, que Hitzig et Munk n'ont pas manqué de faire, de leur côté, aux diverses méthodes opératoires de Frédéric Goltz, dans une étude où il s'agit précisément d'essayer de déterminer le siège des fonctions particulières d'un organe aussi complexe que le cerveau. Nous verrons que ce ne sont pas seulement des lobes entiers qu'il détruit ou enlève, mais un hémisphère entier ou des régions considérables des deux hémisphères cérébraux ; déjà nous avons pu constater que, de son propre aveu, il ne pouvait connaître exactement, surtout avec sa première méthode, l'étendue des pertes subies par l'encéphale.

En entreprenant ces recherches sur les fonctions du cerveau, Goltz a naturellement suivi la pente qui entraîne vers ces grandes études les meilleurs esprits de notre temps. Il s'était proposé, dit-il, au commencement de ses études, de soumettre une fois de plus à l'examen les doctrines de Flourens touchant l'homogénéité fonctionnelle du cerveau. Flourens avait soutenu que le cerveau peut subir des pertes considérables de substance sans trouble durable, ce qui reste de l'organe suffisant à accomplir les fonctions des masses nerveuses détruites, et cela parce que toutes les facultés de l'âme occupent la même place dans le cerveau. « Dès qu'une d'elles disparaît, par la lésion d'un point donné du cerveau proprement dit, toutes disparaissent ; dès qu'une revient par la guérison de ce point, toutes reviennent (1). » Un premier coup décisif avait été porté à cette doctrine par la découverte du centre moteur du langage dans le pied de la 3ᵉ circonvolution frontale gauche. Car, encore que Goltz ne puisse se résigner à admettre même cette localisation cérébrale, quoiqu'il s'efforce de montrer qu'une lésion cérébrale très éloignée de la circonvolution de Broca peut la paralyser en exerçant sur elle une action inhibitoire et déterminer par conséquent une aphasie motrice, sans lésion de la 3ᵉ frontale gauche, on peut toujours se demander, avoue Goltz, pourquoi une lésion de cette région limitée du cerveau a si souvent pour effet un trouble du langage, alors que cette affection apparaît si rarement quand les lésions intéressent d'autres parties du

(1) Flourens. *Recherches expérimentales sur les propriétés et les fonctions du système nerveux*, 2ᵉ éd., p. 244.

cerveau. « Le fait que les troubles du langage semblent intimement liés à la lésion de la circonvolution de Broca et de
ses entours subsiste. » Mais, s'il en est ainsi, le cerveau n'est
point fonctionnellement homogène dans toutes ses parties, et
la théorie de Flourens est convaincue d'erreur.

De même l'épilepsie partielle ou corticale, bien observée
cliniquement par Bravais, à laquelle le médecin anglais
Hughlings Jackson a donné son nom, dérive avec certitude
de lésions irritatives convulsivantes, telles que néoplasmes,
encéphalites, méningites, qui peuvent bien être situées en
dehors de la zone motrice, mais qui, lorsqu'elles n'y siègent
pas, déterminent à distance sur cette zone l'explosion des
convulsions épileptiformes de l'épilepsie jacksonienne. Par
exemple, « il se peut très bien que les cellules contenues dans
le tiers moyen des circonvolutions ascendantes, soient irritées
par une lésion siégeant dans le tiers supérieur ou dans le tiers
inférieur de ces circonvolutions (zone motrice), — ou encore
par une lésion siégeant sur le pied de la deuxième circonvolution frontale ou même sur un point plus éloigné du lobe
préfrontal ou des lobules pariétaux (zone non motrice) (1). »
Goltz veut bien reconnaître qu'il y a « un fond de vérité »
dans cette pathogénie de l'épilepsie corticale, et que les observations d'Hughlings Jackson ont, une seconde fois, convaincu
d'erreur la doctrine de Flourens.

Mais, ce sont surtout les découvertes de Fritsch et Hitzig
qui semblaient destinées à achever la ruine complète de ces
idées touchant l'homogénéité et l'équivalence fonctionnelles
de toutes les parties du cerveau. Ces auteurs affirmaient, en
effet, non seulement que le cerveau était excitable par l'électricité dans une certaine zone déterminée, mais que l'écorce
cérébrale se compose de « centres circonscrits », qui possèdent
des fonctions différentes, et cela « vraisemblablement pour
toutes les fonctions psychiques (2) ».

Quant au premier point, Goltz n'a eu garde d'oublier qu'il

_____

(1) *Étude critique et clinique de la doctrine des localisations motrices
dans l'écorce des hémisphères cérébraux de l'homme*, par MM. J.-M. Charcot
et A. Pitres. Paris, 1883, p. 70. Charcot distingue encore profondément
ici l'épilepsie corticale du mal comitial, distinction fondée sur l'ancienne
théorie médullaire.

(2) E. Hitzig, *Untersuchungen über das Gehirn* (Berlin, 1874), p. 41;
cf. p. 56 où Hitzig rappelle cette conclusion comme « la plus précieuse
conquête de ses investigations ».

n'est nullement prouvé que l'écorce grise elle-même soit excitable, les phénomènes observés s'expliquant aussi bien, selon lui, par le fait de l'excitation, d'ailleurs inévitable, des fibres blanches sous-jacentes. Pourquoi, si l'écorce grise est excitable par l'électricité, de si grands territoires corticaux, — tous ceux qui sont situés en dehors de la zone excitable, — ne répondent-ils point fonctionnellement aux courants galvaniques ou faradiques? Lorsque, dans l'excitation mécanique, on détruit avec soin la substance grise des circonvolutions frontale et pariétale acendantes, on ne détermine de contractions dans les muscles du côté opposé du corps, que lorsque l'instrument atteint la substance blanche : nouvelle preuve que l'électricité n'agit qu'en se diffusant dans les parties profondes du cerveau proprement dit et de l'encéphale.

Je n'insiste pas; ces objections, qui reparaissent toujours et partout, ont été aussi sérieusement réfutées qu'elles peuvent l'être, et cela bien des fois. Putnam n'a-t-il pas montré qu'après l'ablation de la substance grise d'un territoire cortical, il faut un courant plus fort pour déterminer la même contraction par l'excitation directe de la substance blanche? Le retard bien connu que cause à la propagation des courants nerveux la substance grise des centres interposés, n'a-t-il pas été évalué, pour l'écorce cérébrale, à $\frac{2}{500}$ de seconde par MM. Pitres et Franck? M. Rouget, en apportant la preuve expérimentale qu'en excitant deux points séparés de l'écorce, distants de 1 à 2 millimètres au plus, on pouvait obtenir certains effets prévus et déterminés, n'a-t-il pas réduit à leur juste valeur toutes les déclamations sur la diffusion physique de l'électricité, au moins sur la diffusion latérale? Et même pour la diffusion en profondeur, pourquoi, quand l'excitabilité de la substance grise corticale est entièrement abolie par l'anesthésie, l'électrisation des centres moteurs de l'écorce ne provoque-t-elle plus de mouvements, bien que les corps striés et les pédoncules cérébraux soient moins atteints par la narcose (1)? Tout semble donc prouver que la substance grise ganglionnaire des centres nerveux est excitable et directement

_____

(1) Cf. Frank et Pitres, *Suppression des accès épileptiformes d'origine corticale par la réfrigération de la zone motrice du cerveau chez le chien.* Société de biologie, séance du 31 mars 1883. — *Ueber die Kraempfe in Folge elektrischer Reizung der Grosshirnrinde*, von Th. Ziehen. Berlin, 1885.

excitée, bien qu'aucune démonstration absolue de ce fait ne puisse jamais, selon nous, être fournie, puisque l'écorce n'est pas seulement constituée par des cellules nerveuses, mais, entre autres éléments, par les fibres nerveuses elles-mêmes, qui à l'état de filaments gris sortent des cellules. Les objections de Goltz contre le premier point de doctrine postulé par les expériences de Fritsch et de Hitzig, contiennent donc peut-être une âme de vérité.

Aussi Goltz n'accorde-t-il presque aucune confiance aux expériences d'excitation des parties du cerveau (1); il pratique toujours des lésions destructives de l'organe. Quant à l'existence de centres circonscrits de l'écorce destinée à des fonctions spéciales, telles que celles du mouvement volontaire, de la sensibilité générale, de la vue, de l'ouïe, du goût et de l'odorat, toute l'œuvre de Frédéric Goltz sur ce sujet est précisément destinée à la nier. Goltz admet pourtant, contre Flourens, qu'après des lésions étendues du cerveau, des troubles considérables des sens et de l'intelligence persistent pour toujours. « J'ai montré dans une série de recherches, dit-il (t. XIII et XIV des *Archives de Pflüger*), que Flourens s'était trompé. Après une destruction étendue de la substance corticale des deux hémisphères du cerveau, des troubles très graves persistent pour toujours. » (XX, 1879, p. 7.) Une autre erreur de Flourens que Goltz se vante d'avoir réfutée est celle-ci : lorsque la mutilation du cerveau a été poussée assez loin, les animaux perdent à la fois et également l'usage de tous leurs sens. Or Goltz a trouvé que c'était surtout le sens de la vue qui souffrait de ces mutilations. Dans ses expériences, en effet, c'est toujours le sens de la vue qui a été le plus atteint, non le sens de l'ouïe, par exemple. N'est-ce pas parce que, dans ces mêmes expériences, le territoire de substance grise des perceptions visuelles, et non celui de l'audition mentale, se trouvait compris dans les lésions destructives de l'écorce? On peut le supposer, et Goltz a prévu l'objection. Mais où « trône » le centre cortical de l'ouïe, demande-t-il ironiquement?

En général, Goltz est toujours amené par les faits qu'il

(1) Au dernier congrès des naturalistes et médecins allemands (Strasbourg, septembre 1885), Goltz a pourtant reconnu la valeur des faits présentés par Exner sur la topographie des territoires moteurs corticaux, quoique ces faits aient été obtenus au moyen de l'excitation électrique de l'écorce; il a d'ailleurs maintenu ses objections anciennes.

observe ou provoque expérimentalement à ces idées de localisation cérébrale qu'il repousse de toutes ses forces dès qu'elles
lui apparaissent avec quelque netteté. Il n'a pas assez de
railleries pour ceux qui considèrent le cerveau comme constitué par une mosaïque de petits cerveaux ou qui, avec
Rosenthal, le comparent à une carte politique de l'Allemagne
à la fin du dix-septième siècle. Mais il finira par reconnaître,
nous le verrons, que les fonctions du cerveau antérieur du
chien ne sont pas les mêmes que celles du cerveau postérieur
ou occipital, et que les troubles de la motilité et de la sensibilité générale sont, dans la règle, liés aux lésions destructives des lobes antérieurs, comme les troubles sensoriels
le sont à celles des lobes occipitaux. Ces résultats sont en
parfait accord, non seulement avec les données de l'anatomie,
mais avec les résultats de la physiologie expérimentale du
cerveau, telle que l'ont constituée les travaux de Hitzig, de
Ferrier, de Munk, de Luciani.

Souvent Goltz a senti qu'il descendait une pente qu'il s'était
proposé au contraire de remonter. Souvent, après avoir
constaté que les troubles de telle ou telle fonction des centres
nerveux, de la vision mentale, par exemple, sont liés plus particulièrement à la lésion de telle région du cerveau, il s'arrête,
il se demande : — Les résultats de mes recherches sont-ils
propres à servir d'appui aux hypothèses d'après lesquelles
chaque territoire spécial de l'écorce grise cérébrale serait
affecté à certaines fonctions ? Jusqu'ici je n'ai pu me persuader que les suites des lésions effectuées par moi sur
les animaux aient présenté les différences essentielles en
rapport avec le siège topographique de la perte de substance (1).

Il parlait ainsi dans son second mémoire; il parle autrement
dans le cinquième. Mais il faut rendre à Goltz la justice de
n'avoir jamais nié *a priori* la possibilité de l'existence de
territoires distincts de l'écorce affectés à des fonctions diverses, encore qu'il refuse de reconnaître, avec Munk, que la
localisation des fonctions du cerveau soit un postulat physiologique. Il proteste qu'il n'est pas « homme de parti. » « Si,
comme je crois l'avoir prouvé, a-t-il écrit (2), les hypothèses
de localisations qui s'appuient exclusivement ou principale-

(1) II⁰ *Mém.*, p. 439-440.
(2) III⁰ *Mém.*, p. 36.

ment sur l'observation des phénomènes qui suivent immédiatement les lésions expérimentales du cerveau sont insou-
tenables, il n'est point dit par là, naturellement, qu'il n'existe
aucune localisation des fonctions du cerveau. » Les fonctions
les plus importantes du cerveau, les fonctions qui sont pour
nous le signe de l'intelligence, des émotions, des passions, des
instincts, ne dépendent point, affirme-t-il plus tard (1), de
territoires circonscrits du cerveau; à cet égard il se rallie
aux idées de Flourens, ce « héros de la physiologie, » comme
il l'appelle, et pour qui il éprouve de profondes et vivaces
sympathies : mais Goltz ajoute, dans un esprit vraiment scientifique, qu'il reste toujours possible que l'écorce du cerveau
ne soit pas partout fonctionnellement homogène.

Quoique la division du cerveau en petits centres circonscrits, doués de fonctions spéciales, lui paraisse de plus en
plus inadmissible, telle ou telle partie du cerveau pourrait
cependant servir à une fonction déterminée ; ainsi il pourrait
exister des centres aux frontières indécises, empiétant les
uns sur les autres (verwachsene Centren). Goltz examine à
plusieurs reprises cette hypothèse, qui est celle de Luciani
de Florence, d'Exner de Vienne, et il estime qu'elle peut, dans
une certaine mesure, se concilier avec les faits. Ainsi la sphère
visuelle de Luciani, qui s'étend sur une grande partie de
toute la surface de l'écorce cérébrale, se confond en certains
points avec les sphères de l'audition, de l'olfaction, de la sensibilité générale et du mouvement. En outre, une région
existe où toutes ces sphères se rencontrent et se pénètrent en
quelque sorte, si bien que toutes les fonctions du cerveau s'y
trouvent représentées : dernier vestige, ainsi que l'a noté
Goltz, des idées de Flourens.

Malgré tout, je le répète, Goltz témoigne qu' « il n'a jamais
nié la possibilité d'une localisation des fonctions du cerveau.»
Il s'étonne, dès le début de son cinquième mémoire, qu'on
lui ait fait dire que, selon lui, la substance cérébrale est partout fonctionnellement homogène : il n'a jamais rien dit de
semblable; tous ses travaux en font foi. Et il désavoue de
nouveau, comme dans ses articles de la *Deutsche Rundschau*,
le principe fondamental de la doctrine de Flourens. Les textes
rassemblés ici témoignent en effet de la justesse de cette
protestation. Mais tant d'hommes, dit-il, semblent condamnés

(1) IVᵉ *Mém.*, p. 35.

à ne pouvoir penser que « schématiquement ! » Tout ce qu'ils
lisent ou entendent doit pouvoir rentrer dans quelques formules apprises. Malheur à qui les critique, ces formules ; il passe
aussitôt pour les nier. C'est ce qui est arrivé à Goltz, et il
s'en plaint un peu. Car, en un sens, déclarait-il, il y a trois
ans, il admet bien que les fonctions du cerveau ont des
sièges distincts dans l'écorce. Il ajoutait, avec une naïveté
qui n'est pas sans charme : « Si Flourens avait connu mes
expériences, en ami de la vérité il s'en serait réjoui avec moi. »

II. — Les fonctions motrices du cerveau.

L'importance capitale de l'étude des troubles des fonctions
de la sensibilité générale et spéciale pour la connaissance de
la genèse et de la nature de l'intelligence, exige que l'histo-
rien des doctrines psychologiques insiste davantage sur ces
troubles que sur ceux des fonctions de la motilité. Il nous
faut cependant, vu les idées parfois géniales de Frédéric
Goltz, rapporter ici avec quelques détails les faits et les doctrines de ce physiologiste en ce domaine, aujourd'hui si bien
exploré dans toutes ses parties, de la physiologie cérébrale.

Deux principes d'explication, qui l'ont constamment guidé
dans ces études, dominent l'œuvre de Frédéric Goltz : le
premier a trait aux *phénomènes d'inhibition* ou *d'arrêt*
(Hemmungserscheinungen), de nature transitoire ; le second,
aux *phénomènes de déficit (Ausfallerscheinungen)*, dus aux lésions destructives de la substance nerveuse, de nature permanente.

Les recherches de Goltz sur les fonctions de la moelle épinière l'ont amené de bonne heure à bien déterminer la nature
et la signification physiologiques de ces deux sortes de phénomènes. Il a fait à l'étude des lésions du cerveau l'applica-
tion féconde des résultats qu'il avait obtenus dans l'étude des
lésions de la moelle épinière. Cette marche était vraiment
philosophique, car on sait, depuis Gall, que l'encéphale est,
non pas la racine, mais le faîte, aux frondaisons immenses,
de l'arbre nerveux. Cette marche a été suivie aussi en France
par Jules Luys, dans ses belles études sur le système
nerveux cérébro-spinal : il s'est élevé ainsi de la considéra-
tion morphologique de certaines homologies de structure
aux plus fécondes déductions sur les analogies de fonctions
des différents éléments nerveux du névraxe. Chacun accor-

dera, avec Goltz (1), que les fonctions du cerveau sont dans
l'organisme les plus complexes de toutes ; or, les phénomènes de la moelle épinière, beaucoup plus simples que ceux du
cerveau, étant essentiellement du même ordre, les premiers
doivent nous aider à comprendre les seconds. Ajoutez que
la moelle épinière des animaux supérieurs a des fonctions
analogues à celles des animaux inférieurs. Il est bien vrai
qu'après la décapitation, une grenouille se comporte tout
autrement qu'un mammifère. Les phénomènes réflexes dont
les centres sont situés dans la moelle persistent très longtemps
chez celle-là, tandis qu'ils s'évanouissent très rapidement
chez celui-ci. La raison n'en est point, dit Goltz, ainsi qu'on
le répète, que, chez le mammifère, le cerveau est chargé de
fonctions nombreuses qui sont, chez la grenouille, accomplies
par la moelle épinière : la véritable cause est dans le nombre
et la variété, bien autrement grands que chez les batraciens,
des phénomènes réflexes qui ont chez les mammifères leur
origine dans la moelle épinière. En d'autres termes, la différenciation progressive de l'organe explique suffisamment la
délicatesse de son fonctionnement, et partant sa fragilité.
J'ajoute que, chez les mammifères, la part prépondérante
que prennent les fonctions encéphaliques dans presque tous
les actes de la vie, a de plus en plus subordonné l'activité
spinale à l'activité cérébrale, et que là aussi est une des causes
du degré supérieur d'adaptation fonctionnelle que présentent les animaux inférieurs après une section qui isole l'encéphale de la moelle épinière.

L'exemple qu'affectionne Goltz pour démontrer l'autonomie
des centres de la moelle épinière chez les mammifères, est le
suivant : lorsqu'on sectionne la moelle d'un chien, on observe
immédiatement toute une série de phénomènes de paralysie
du mouvement. Les membres postérieurs, la vessie et le rectum sont paralysés; la possibilité de l'érection est perdue.
Excite-t-on la peau du train de derrière, aucun mouvement
ne se produit en réponse. La conclusion qu'on avait tirée de
ces faits, c'est que les centres nerveux des muscles de la
vessie et du rectum, ainsi que le centre de l'érection, étaient
situés dans le cerveau. Goltz a montré au contraire que ces
centres ont leur siège dans la moelle lombaire, car toutes
ces fonctions, — l'activité réflexe de la vessie, du rectum

_____

(1) IIIe Mém., p. 1 et suiv.

et des organes de la génération — reparaissent après un
certain temps. Elles ne reparaissent plus si l'on broie avec une
sonde la moelle épinière du segment isolé et où ces centres
sont localisés.

Pourquoi ces centres médullaires ne manifestent-ils pas
leur activité aussitôt après la section de la moelle épinière,
mais seulement après des mois ? S'ils n'ont point donné plutôt
signe de vie, répond Goltz, c'est qu'ils se trouvaient dans
un état de mort apparente d'où ils sont sortis peu à peu.
Leur activité vitale n'était qu'arrêtée ; elle n'était pas anéantie.
L'opération avait causé cet arrêt en déterminant une action
inhibitoire à distance. Les exemples d'arrêt réflexe d'un centre
par excitation d'un ou de plusieurs autres centres, abondent
dans la science. Ces phénomènes d'arrêt se distinguent essentiellement des phénomènes de déficit en ce qu'ils sont toujours
plus ou moins transitoires, mais d'une durée incomparablement plus longue chez les animaux supérieurs, tandis que
les phénomènes de déficit, résultant d'une lésion destructive
durable, sont permanents. Goltz ajoute qu'ils sont les mêmes
chez tous les vertébrés. Les phénomènes d'arrêt, d'une durée
si courte chez la grenouille, après une section de la moelle
épinière, que l'on n'observe bientôt plus que les phénomènes
de déficit, sont au contraire si prolongés, si intimement
mêlés aux phénomènes de déficit chez les mammifères, qu'une
observation assez longtemps continuée permet seule de les
distinguer. De là la nécessité d'une survie assez longue chez
les animaux en expérience pour ne pas confondre les symptômes permanents des lésions avec les symptômes transitoires.
En insistant, comme ils l'ont fait, sur les symptômes qui
suivent immédiatement les lésions expérimentales, tous les
prédécesseurs de Goltz, Hitzig, Ferrier, Carville et Duret,
Soltmann, etc., auraient précisément commis cette confusion.
« L'erreur de Hitzig, écrivait Goltz dans son premier mémoire,
consiste en ce qu'il a considéré comme des phénomènes de
déficit ce qui n'était en grande partie que des phénomènes
d'arrêt, phénomènes caractéristiques du premier stade de la
lésion, mais qu'on voit bientôt s'amender. »

C'est ainsi que, dans ses premiers Mémoires, Goltz attribue
l'hémiplégie complète qui suit souvent les lésions étendues
unilatérales de l'écorce, à un action d'arrêt qui s'étend
jusqu'au mésocéphale et au cervelet. La moelle allongée et
la moelle épinière subissent aussi dans les mêmes cas une

action d'arrêt : les troubles de la déglutition, souvent observés dans les premiers jours qui suivent l'opération, indiquent bien que la moelle allongée a été affectée à distance. Mais fallait-il aller jusqu'à dire que les troubles hémiplégiques du mouvement, observés après une mutilation étendue du cerveau(on ne peut spécifier davantage avec Goltz, surtout lorsqu'il s'agit de sa première méthode de destruction du cerveau), ne sont pas causés par la lésion de l'écorce cérébrale proprement dite, ou du centre ovale, ou des corps striés, mais par un processus d'arrêt, par une action inhibitoire, qui de la région lésée se propage en arrière jusqu'au cervelet? Dans son premier Mémoire (p. 39), Goltz disait expressément que le cerveau n'était point le centre essentiel des mouvements automatiques de la marche, de la course, etc., chez les animaux, mais bien le cervelet et ses annexes (c'était une idée de Soltmann, qui avait supposé que peut-être le cervelet intervenait dans la régénération des fonctions motrices après des lésions du cerveau). Lorsque les suites du traumatisme cérébral qui avait déterminé l'inhibition des centres moteurs ont diminué ou disparu, les centres restés latents récupèrent leur activité, et tout un ensemble de fonctions qui semblaient évanouies reparaissent. Ce n'est qu'alors, au stade ultime du processus, que se montrent réellement les troubles qui résultent bien des lésions destructives de la substance cérébrale, les phénomènes de déficit de nature permanente.

Aussi Goltz a-t-il défini excellemment le phénomène de déficit : Le minimum des troubles permanents, stationnaires, durables, qu'on observe après une lésion déterminée du cerveau. Et encore : Les troubles qui persistent après l'observation continuée le plus longtemps possible de l'animal guéri. Tout récemment, dans son cinquième Mémoire, il est pourtant revenu sur cette définition : il la considère comme insuffisante. Il peut arriver, dit-il, que, chez un animal guéri, éclatent de nouvelles complications. Par exemple, après une lésion de la zone motrice, un chien reste quelques jours paralysé ; il guérit ; mais, plusieurs mois après, sans nouvelle opération, la paralysie reparaît par suite d'un processus pathologique du cerveau. Dans ce cas, il est clair que cette paralysie ne peut passer pour un phénomène de déficit : c'est une complication. L'espoir d'observer un cas pur de phénomène de déficit, sans complication accessoire, croît avec le nombre des observations. Tous les animaux qui ont subi une même lésion

cérébrale devraient présenter les mêmes phénomènes de déficit ; or le tableau symptomatique est différent pour chacun
d'eux : la cause en est dans ces complications qui varient,
non par hasard, mais par l'effet de lois plus complexes que
celles qui régissent les phénomènes de déficit. Les rapports
anatomiques expliquent pourquoi telle ou telle partie du cerveau est intéressée lorsque telle autre est détruite. Entre les
phénomènes de déficit proprement dits, et les complications
accessoires, les limites sont donc assez indécises et difficiles
à fixer.

Mais les phénomènes de déficit proprement dits sont-ils
« les mêmes chez tous les vertébrés » ? Tout le monde sait
que les centres nerveux de nombre de vertébrés inférieurs,
de la salamandre, par exemple, se régénèrent (1). Il faut donc
apporter quelque tempérament à une affirmation aussi absolue. Goltz tient pour non démontrée une néoformation de substance cérébrale chez les animaux supérieurs. Il en prend texte
pour railler impitoyablement, à son habitude, les physiologistes qui font repousser des centres nerveux comme des
champignons dans les cerveaux mutilés. « Qu'un centre
nerveux, après avoir été détruit, puisse se régénérer histo-
logiquement, c'est chose aussi incroyable pour moi que
si l'on me soutenait qu'une nouvelle jambe a poussé à un
amputé (2). »

— Il n'existe point de centres moteurs à la surface du cerveau, formant des voies de passage nécessaires et exclusives
pour les mouvements volontaires — (3). Goltz ne s'est guère
écarté de cette thèse, qu'il formulait en ces termes dans son
troisième Mémoire, et qu'il résume ainsi dans son cinquième
Mémoire (1884) : Après une lésion de la prétendue zone
motrice du cerveau (l'auteur opère ici avec des instruments
tranchants, afin de réaliser des pertes de substance limitées),
on a souvent observé des paralysies de la moitié opposée du
corps. Ces observations sont exactes ; mais elles *ne prouvent
pas* que l'écorce de cette région soit l'organe indispensable

---

(1) *Soc. de biologie*, 10 octobre 1885. M. Grohant a présenté, au nom
de M. Philippeaux, une note relative à la *régénération du cerveau* chez
la salamandre. M. Philippeaux ayant réussi à enlever la plus grande
partie des hémisphères cérébraux, a sacrifié six mois après les animaux
en expérience : la régénération des centres nerveux était complète.
(2) III. *Mém.*, au commencement.
(3) *Ibid.*, p. 39.

des mouvements volontaires. Un seul cas positif, dans lequel un homme ou un animal, malgré une perte considérable de la zone motrice, peut encore mouvoir volontairement tous ses muscles, suffit pour réfuter la doctrine. D'un côté, chacun des « centres » de la zone excitable peut être détruit sans que le mouvement et la sensibilité disparaissent entièrement sur une partie quelconque du corps, de l'autre, la destruction de n'importe quel « centre » détermine toujours des troubles qui s'étendent à des organes qui n'ont aucun rapport avec le centre détruit.

Goltz a pourtant été conduit par ses expériences à des résultats qui semblent impliquer le contraire, ainsi qu'on le verra. Mais l'idée d'attribuer les paralysies croisées qui suivent immédiatement les mutilations d'un hémisphère cérébral, à des phénomènes d'arrêt transitoires, non à la lésion cérébrale elle-même, lui est demeurée chère. Il appliquait dès lors la même explication aux actions à distance qu'on observe après les apoplexies hémorragiques chez l'homme. Il rappelle que déjà Nothnagel avait remarqué que les premiers troubles étendus consécutifs à une hémiplégie peuvent être comparés à l'abolition des réflexes, telle qu'elle apparaît après une section de la moelle épinière dans les parties sousjacentes. Or la paralysie transitoire des réflexes, après une section de la moelle épinière, est en réalité aussi un phénomène d'arrêt. Que l'on songe à la paralysie des muscles de la respiration, de la vessie, etc., dans l'hémorragie cérébrale, et l'on se convaincra que les centres nerveux de la moelle allongée, de la moelle lombaire, etc., subissent une action d'arrêt déterminée à distance par le cerveau lésé. Goltz s'est même énergiquement élevé contre le fait établi par Veyssière, et généralement admis, qu'une section du segment antérieur de la capsule interne produit une hémiplégie complète chez le chien (1). Selon Goltz, Veyssière n'a pas observé assez longtemps les animaux opérés par lui; il a décrit comme des phénomènes de déficit, comme une hémiplégie permanente, ce qui n'était en réalité que des symptômes de complications accessoires et des phénomènes d'arrêt. Il témoigne n'avoir jamais observé de paralysie durable chez le chien après une

(1) Goltz a cru apporter une nouvelle démonstration de ce fait au Congrès des naturalistes et médecins allemands tenu à Strasbourg en septembre 1885.

section de la capsule interne (il ne dit point dans quel segment de la capsule interne). De même, en pathologie humaine, il n'hésite pas à prédire qu'on observera chez l'homme aussi des cas où, en dépit d'une lésion destructive des faisceaux blancs de la capsule interne, l'hémiplégie rétrocède. Bref, il est convaincu que la capsule interne du côté gauche, par exemple, n'est point l'unique voie de passage des mouvements volontaires qui vont à la moitié droite du corps (1).

Voici la comparaison dont se sert Goltz pour faire comprendre combien un chien, qui a subi de grandes pertes de substance cérébrale sur un hémisphère (2), se distingue d'un animal qui a subi les mêmes lésions sur les deux moitiés du cerveau : Ces chiens, dit-il, diffèrent autant qu'un borgne d'un aveugle.

Relativement aux troubles du mouvement, le chien opéré des deux moitiés du cerveau présente donc, des deux côtés du corps, les mêmes troubles que le chien, opéré d'un seul hémisphère, présentait d'un seul côté. Mais, en outre, d'autres troubles très graves apparaissent : ainsi, après une destruction bilatérale des deux lobes frontaux et pariétaux, l'animal reste longtemps sans conscience. Quand, quelques jours après, celle-ci revient, le chien ne peut de lui-même prendre sa nourriture : il faut le nourrir ; la nourriture est déglutie, mais les mouvements de la langue sont lents et embarrassés. Quelques semaines après, les animaux ont réappris à boire et à manger. Ainsi, paralysie des extrémités immédiatement après l'opération, courbure latérale de la colonne vertébrale du côté de la lésion (3), circonstance bien notable quand on se rappelle ce qu'a observé H. Munk après l'ablation des deux lobes frontaux (la *Fuhlsphære* du tronc du professeur de Berlin). La paralysie des membres devient bientôt, chez le chien, une parésie, qui disparaît elle-même au bout de quelques semaines ; du moins un observateur non prévenu ne saurait-il distinguer le chien opéré d'un chien normal.

Goltz insiste toujours et partout sur ce résultat ; on peut dire : voilà la thèse. Mais voici l'antithèse : d'une façon non moins

(1) V° *Mém.*, p. 462.
(2) Les expériences du 1er *Mémoire* n'ont trait qu'à des animaux dont Goltz avait détruit des parties considérables d'un seul hémisphère cérébral; dans le 2° *Mémoire*, ces lésions, sans être jamais symétriques (2° *Mém.*, p. 440), ont porté sur les deux hémisphères.
(3) 2° *Mém.*, p. 425.

constante, Goltz répète qu'un examen attentif permet de
constater, dans les membres qui ont été paralysés, certains
troubles qui persistent, qui ne s'amendent plus, et qu'il
nomme à bon droit des phénomènes de déficit. Tels sont la
faiblesse des quatre membres, la façon dont ces chiens lèvent
les pattes en marchant, trop haut et sans fléchir le genou, à
la manière des coqs, la lourdeur, la maladresse et l'adaptation
défectueuse des mouvements, l'incapacité où sont ces animaux de se servir de leurs pattes antérieures comme de
mains pour maintenir un os (1), les mouvements de manège.
Les quatre pattes glissent sur un sol uni ; placé ·ur une table,
le chien opéré du côté gauche, par exemple, ...che dans le
vide avec les membres du côté droit et tombe, quoiqu'avec le
temps il puisse arriver à conserver l'équilibre, en réagissant,
et à ne plus tomber. S'il savait présenter la patte droite, il ne
présente plus que la gauche. Dans quelques cas, il réapprend
à donner la patte droite, mais il lui paraît toujours plus com-
mode de présenter la gauche (2). Le chien mange mal et épar-
pille sa nourriture, comme font certains aliénés en démence ;
donc Goltz conjecture que le « cerveau antérieur » serait le
foyer de l'affection mentale.

Mais, dans tous ces troubles de la motilité, Goltz ne découvre point de paralysie véritable : l'animal peut toujours
déterminer les mouvements de ses muscles volontaires ;
quoique lourds, maladroits et mal adaptés, tous les mouvements peuvent encore être exécutés. Bref, dans les conclusions de son quatrième Mémoire, Goltz formule ainsi sa pensée :
Il est impossible, quelque région de l'écorce cérébrale que l'on
détruise, de paralyser un muscle quelconque d'une façon
permamente ou même de le soustraire à l'influence de la
volonté. Ce que l'animal a perdu, par le fait de la lésion, c'est
le pouvoir de faire entrer en activité, d'une façon concordante
et sûre, précisément les groupes de muscles dont le mouvement serait nécessaire pour atteindre un but, pour réaliser

(1) Goltz revient sur cette assertion dans le IIIe *Mémoire*, et ajoute
qu'il n'avait pas observé ses chiens assez longtemps.

(2) De même pour le singe. Après l'ablation du centre moteur cortical gauche du membre antérieur droit, par exemple, la main droite
pend presque paralysée ; en marchant, le singe ne se sert plus de la
main droite ou s'appuie sur la face dorsale de cette main ; il ne
sait plus saisir de la main droite les bâtons de sa cage ; il prend
toujours et exclusivement de la main gauche les fruits qu'on lui présente.

une fin voulue dans une situation donnée. Mais point de paralysie musculaire ; la force avec laquelle les mâchoires peuvent être serrées l'une contre l'autre le montre d'abondance.

Sans doute, ainsi que les mouvements des membres, les mouvements de la tête, de la mâchoire inférieure, de la langue, sont lents et embarrassés chez les animaux dont les régions antérieures du cerveau (les lobes frontaux et pariétaux) ont été enlevés sur les deux hémisphères cérébraux. Comme la zone motrice (le gyrus sigmoïde) est comprise dans ces régions, — où sont situés les centres corticaux de la tête, de la nuque, du tronc et des membres, — ne pourrait-on pas trouver là l'explication des troubles du mouvement signalés par Goltz lui-même ? Mais le professeur de Strasbourg ne se lasse point de répéter qu'il n'existe pas la moindre paralysie d'un muscle quelconque sur toutes ces parties, et que les « paralysies corticales » de Munk sont des mythes.

D'une part, ce serait « folie » de croire que la moindre particule de substance cérébrale puisse être détruite impunément : autant vaudrait dire que l'écorce du cerveau est superflue, puisqu'elle serait constituée de parties sans fonction. D'autre part, souvent aucun symptôme appréciable ne se manifeste après ces pertes de substance. La raison en est, suivant Goltz, que les parties détruites du cerveau peuvent être fonctionnellement suppléées par celles qui restent. Jusqu'où s'étend cette possibilité de suppléance ? Toute partie du cerveau peut-elle, comme le croyait Flourens, en suppléer une autre ? Nous touchons, on le voit, à l'importante question des suppléances cérébrales. Il est curieux de connaître à cet égard les idées de Goltz qui, adversaire de Flourens en théorie, laisse paraître de si profondes affinités pour le génie du grand physiologiste français.

Puisqu'après la destruction d'un « centre psycho-moteur », les phénomènes des premiers jours ne tardent pas à s'amender et à disparaître *presque* sans laisser de trace (du moins pour un observateur superficiel), c'est que *le reste* du cerveau supplée les fonctions des parties détruites. Tel est le sentiment de Goltz. Les « phrénologistes modernes » (c'est le nom ironique qu'il donne aux localisateurs actuels) ne sauraient échapper, selon lui, à cette conclusion, qui, malgré eux, en fait des disciples de Flourens ! Ils protestent, sans doute, et expliquent les choses d'une autre façon. Si les phénomènes morbides s'amendent, disent-ils, c'est que l'ablation du centre n'a pas été complète; un reste du centre lésé a échappé à la destruction, et, par l'exercice, ce fragment de substance cérébrale, spécifiquement différencié par ses fonctions, suffit à suppléer les parties détruites, quoiqu'avec une énergie moindre. Tandis que, selon Flourens, chaque partie du cerveau est propre à les suppléer toutes, cette suppléance, d'après les localisateurs, n'est possible que s'il subsiste une partie du centre nerveux détruit, un fragment quelconque de la pièce qui entre comme une unité dans la composition de la mosaïque cérébrale. Si une pièce tout entière de cette mosaïque a été enlevée ou détruite, elle ne peut être remplacée par une autre. En d'autres termes, le cerveau entier est constitué par des cerveaux partiels dont aucun ne saurait remplir les fonctions spéciales d'un autre. C'est ainsi que, selon Munk, la destruction complète du centre à la fois psycho-moteur et psycho-sensitif d'un membre antérieur, a été suivie, chez un chien, de la paralysie durable de ce membre. Mais Goltz, cela va de soi, n'admet point de « centres » insuppléables.

Resterait à examiner la question des suppléances au point de vue des lésions symétriques ou unilatérales du cerveau. Comme, après la « destruction étendue et profonde » d'un hémisphère cérébral, Goltz n'a observé souvent, dit-il, aucune paralysie du mouvement, il en infère qu'une partie du cerveau peut jusqu'à un certain point suppléer l'autre. Il rappelle les cas bien connus dans lesquels, après la mort, on a trouvé chez l'homme des destructions considérables d'un hémisphère du cerveau sans aucun symptôme notable pendant la vie. Mais tout le monde admet que des organes doubles, tels que les reins, les poumons, peuvent se suppléer. Chez des chiens qui ont longtemps survécu à la perte de tout un hémisphère cérébral, Goltz a été surpris de ne constater que des troubles relativement fort minimes. Il a noté des mouvements de manège du côté de la lésion, mais non forcés. D'ailleurs le chien se tient tranquille et mange comme un animal normal; si, pendant qu'il continue à manger, on déplace lentement l'écuelle dans une direction opposée au siège de la lésion, le chien la suit en courbant la colonne vertébrale, ce qui prouve qu'il n'existe point de paralysie des muscles de la moitié opposée du tronc. Pas un seul muscle du corps n'est paralysé davantage. Et pourtant il existe des troubles très nets de la motilité dans les membres du côté opposé à la

lésion, de véritables phénomènes de déficit ; nous les avons
énumérés.

Quelle interprétation convient à ces troubles de la motilité?
Puisque après la destruction de la zone excitable, où Ferrier
a localisé les centres moteurs, l'animal peut toujours com-
mander à ses muscles volontaires, comment expliquer l'adaptation défectueuse de ses mouvements ? — par l'effet d'une
paralysie des mouvements volontaires, dit Ferrier ; — en
raison de la perte de la « conscience musculaire », professe
Hitzig, qui a remarqué que l'animal conserve les positions
les plus incommodes où l'on place celui ou ceux de ses membres dont les centres moteurs sont lésés, comme s'il n'avait
plus conscience des sensations musculaires de cette partie de
lui-même ; — par suite d'une paralysie de la sensibilité dans
le membre dont le centre cortical a été extirpé, soutient
Munk. La doctrine de Munk sur ce point se rattache à une
observation vraie de Schiff qui, le premier, a montré que le
sens du toucher est affecté par les lésions destructives de la
zone excitable, et qui attribue dans ce cas les lésions de la
motilité à une ataxie résultant de la perte de la sensibilité tactile. — Et de fait, c'est bien la lésion de la sensibilité générale du sens (Nothnagel) ou de la conscience musculaire, qui
explique, selon Goltz, les troubles de la motilité après une
mutilation de la zone excitable du cerveau.

Ferrier et d'autres physiologistes admettent, on le sait,
qu'après l'extirpation de la zone motrice gauche, par exemple,
la suppléance est remplie par la zone motrice droite. Goltz
n'a rien à objecter en principe ; il admet aussi que l'hémisphère droit qui subsiste peut, par l'exercice, développer la
puissance d'action, demeurée jusque là virtuelle en quelque
sorte, qu'il exerce désormais sur les muscles du côté correspondant. Seulement il trouve contraire aux faits bien établis
ce qu'affirme ici Ferrier, savoir, que les centres symétriques
des deux hémisphères peuvent seuls remplir cette suppléance.
S'il en était ainsi, un chien dont les centres moteurs ont été
détruits des deux côtés, devrait être pour toujours paralysé,
ce qui n'est point. Mais Ferrier a une ancre de salut : Dans
ce cas, dit-il, les corps striés remplissent les fonctions dont
s'acquittaient les centres moteurs avant la lésion qui les a
détruits. C'est ainsi que Luciani et Tamburini ont admis la
suppléance des couches optiques et des tubercules quadrijumeaux pour les fonctions de la vue chez un singe qui, après

l'ablation bilatérale des sphères visuelles,` avait réappris à voir.

Goltz ne semble pas avoir été frappé par ce qu'il y a d'ingénieux et de profond dans la théorie du *petit* et du *grand circuit* moteur de David Ferrier. Si, chez le chien, la destruction des centres corticaux moteurs ne détermine qu'une affection passagère, une parésie plutôt qu'une paralysie, c'est que les corps striés sont des centres d'intégration automatique, où les mouvements associés habituels, tels que la marche, la course, etc., se sont organisés. C'est une loi physiologique générale, que les mouvements d'abord accompagnés de conscience, tendent à devenir automatiques par la répétition : les corps striés du chien sont précisément des centres d'actions réflexes de ce genre, des centres « subvolontaires », où les impressions des sens, après avoir traversé les couches optiques, se réfléchissent en mouvements. Les couches optiques et les corps striés forment en effet, pour Ferrier, un mécanisme sensoré-moteur, qui représente, en quelque sorte à l'état rudimentaire, les centres moteurs et sensitifs de l'écorce même dont les opérations restent au-dessous du seuil de la conscience. Il y a là un premier cercle d'actions excito-motrices automatiques que Ferrier appelle le *petit circuit*, par opposition au *grand circuit*, conscient celui-là, que parcourent les impressions périphériques des sens en traversant les centres sensitifs et les centres moteurs de l'écorce du cerveau. Toutefois, chez l'homme, le *petit circuit* ne paraît pas suffisant, mais pour les mouvements associés les plus simples : la paralysie causée par les lésions des centres corticaux moteurs est complète et durable. En ce cas, les corps striés ne suppléent pas les centres moteurs des hémisphères. Mais, à l'état normal, il y a bien des raisons de croire qu'ils le font pour les actes devenus automatiques.

Mais, en matière de suppléance cérébrale, Goltz a une explication infiniment plus simple, et qui est pour lui un point de doctrine : « Il n'est pas douteux pour moi, répète-t-il, que *chaque hémisphère du cerveau* est en rapport, au moyen des nerfs, avec *tous les muscles* et avec *tous les organes des sens* du corps entier... Chaque territoire de la substance corticale du cerveau est, indépendamment des autres, relié par les nerfs, d'une part avec tous les muscles volontaires, de l'autre avec tous les nerfs de la sensibilité. » Goltz ne revient-il pas ainsi à la doctrine de l'homogénéité et de l'équivalence fonctionnelles de toutes les parties du cerveau ? Les faits le contraindront pourtant à affirmer l'hétérogénéité fonctionnelle au moins du cerveau antérieur et du cerveau postérieur, du cerveau moteur et du cerveau sensoriel. Nous craignons donc qu'il n'y ait, ici dans les idées comme dans les mots, une contradiction flagrante.

La doctrine de Goltz sur les fonctions motrices du cerveau, dont nous venons de dégager la formule, n'est d'ailleurs guère intelligible pour la raison. Elle n'est pas moins contraire aux faits les plus certains, les mieux démontrés. Pour ne point parler des données élémentaires de l'anatomie sur la voie des pyramides (Flechsig), sur l'origine, bien établie, dans les régions rolandiques de l'écorce, des centres des nerfs des muscles volontaires et des centres des nerfs vaso-moteurs (Stricker), de la constitution histologique des régions motrices (Betz et Mierzejewski), des dégénérations descendantes secondaires (Türck, Bouchard, Charcot et Pitres), etc., — elle est en désaccord, cette doctrine, avec tout ce que l'on sait de la direction générale et de la distribution dans l'écorce des faisceaux nerveux du centre ovale ; elle est contraire au principe fondamental de la division du travail chez les êtres vivants, au principe de l'hétérogénéité croissante des organes, de la différenciation et de la spécialisation progressives des fonctions. Goltz ne réussira point à faire oublier ces paroles de Hitzig, qu'il cite lui-même pour le combattre, et qui nous paraissent résumer la pensée de presque tous les anatomistes et les physiologistes de notre temps : « C'est un fait certain qu'une portion considérable des masses nerveuses constituant les hémisphères cérébraux, — on peut presque dire leur moitié, — est en rapport immédiat avec les mouvements musculaires, tandis que l'autre portion n'a évidemment rien à faire, au moins directement, avec ceux-ci. » (*Untersuch. über das Gehirn* p. 25.)

III. — La sensibilité générale

L'étude des troubles de la sensibilité générale, consécutifs aux lésions expérimentales de la substance grise corticale des lobes cérébraux, présente un intérêt plus élevé encore que celle des troubles de la motilité, surtout si l'on considère que tous les physiologistes qui se sont occupés des fonctions du cerveau au point de vue des localisations, depuis Hitzig,

Ferrier et Munk jusqu'à Goltz, ont été amenés par leurs investigations sur la sensibilité générale et spéciale à réfléchir sur la nature de l'intelligence. Les lésions de l'intelligence dans les traumatismes cérébraux ont ouvert une voie nouvelle à la psychologie expérimentale. L'auteur dont nous exposons les idées et les doctrines, Frédéric Goltz, est de ceux qui, à notre avis, ont poussé le plus loin l'étude des fonctions psychiques du chien, c'est-à-dire d'un mammifère qui, malgré la morphologie de son cerveau, permet au psychologue tant de rapprochements légitimes et féconds avec les fonctions analogues des anthropoïdes et de l'homme.

M. Charles Richet ayant écrit, dans son excellente monographie sur la *structure des circonvolutions cérébrales* (1878), que, « pour les facultés intellectuelles, il n'y a guère de comparaison à établir entre les animaux et l'homme », si bien que « la physiologie animale serait forcément impuissante à résoudre la question» (p. 165), M. Goltz s'est élevé contre cette manière de voir : il en appelle au savant français mieux informé, et il ne doute pas qu'après avoir pris connaissance de ses longues et attentives observations et expériences, M. Richet ne lui concède que l'on peut, par cette voie, s'approcher très près de la solution de la question. Il nous paraît, en effet, difficile d'élever à cet égard le moindre doute scientifique, et cela en principe. Mendel et Fritsch, précisément lors de la discussion des expériences de Goltz au troisième congrès de médecine interne (Berlin, avril 1884), ont très bien démontré, contre Nothnagel, qu'en dépit des différences d'organisation, il n'existe pas de différence essentielle entre les fonctions du cerveau de l'homme et celles du cerveau des autres mammifères. Le fait qu'il existe, depuis Aristote, une psychologie comparée, comme il existe une anatomie et une physiologie comparées, implique d'ailleurs que les « facultés intellectuelles » de l'homme et des animaux sont non seulement comparables, mais ont toujours été scientifiquement comparées. M. Richet, nous le croyons, en est convaincu autant qu'homme du monde, et il ne convient pas d'insister autant sur un lapsus échappé sans doute à la rédaction rapide d'une thèse de concours.

Après une destruction étendue et profonde d'un hémisphère cérébral, — on ne peut spécifier davantage avec le premier procédé opératoire de Goltz, — la sensibilité générale a toujours été trouvée lésée dans tous ses modes sur le côté du

corps opposé à la lésion. Le chien est moins sensible qu'à
l'état normal à la pression et aux différences de température;
il ne sait plus palper, explorer les corps avec sa sensibilité
tactile et musculaire; en même temps que le toucher, en
effet, la sensibilité musculaire est très abaissée. Si la destruction a porté sur les deux hémisphères, la même anesthésie sensitive s'observe sur les deux côtés du corps. En outre,
lorsqu'il change de place, lorsqu'il essaye de se diriger dans
l'espace, le chien s'oriente mal. F. Goltz, dont on connaît les
beaux travaux sur les fonctions des canaux semi-circulaires
de l'oreille interne, insiste sur ces troubles du sens de l'espace
(Raumsinn), comme il l'appelle, sens qui n'est sans doute
qu'une modalité du sens du toucher (Tastsinn). L'animal, en
effet, ne s'oriente pas mieux sur son propre corps que dans
le monde extérieur, et il ne s'oriente même si mal dans celui-
ci que parce qu'il est devenu incapable d'atteindre, avec son
museau, tel point de son propre corps, pour se délivrer d'une
cause d'irritation même permanente (pince à pression), ou de
découvrir un morceau de viande qu'on lui a attaché sous le
ventre. La raison en est que pour apprécier la situation des
parties de notre corps dans l'espace, ainsi que la direction et
l'étendue de nos mouvements, il faut que le sens du toucher,
le sens musculaire et le « sens statique », ou sens de l'équilibre, dont Goltz a situé l'organe périphérique dans les canaux
semi-circulaires, ne soient pas abolis ou gravement lésés, —
comme c'était précisément le cas ici chez les chiens opérés.
Les deux sens de l'espace par excellence, les deux sens grâce
auxquels nous pouvons nous diriger et nous orienter dans le
monde extérieur, le toucher et la vue, se trouvaient également lésés chez ces animaux (1).

Mais de quelle sorte d'anesthésie s'agit-il dans l'espèce ?
Dans son troisième, comme dans son quatrième et son cinquième mémoire, Goltz a bien soin de déclarer qu'en dépit
d'une obtusion plus ou moins profonde de la sensibilité générale et de ses divers modes, pas un point du corps de l'animal
ne présente une anesthésie complète après la destruction
d'une région quelconque de l'écorce cérébrale. Il s'agit donc
d'une parésie plutôt que d'une paralysie de la sensibilité
générale. Quelquefois même, Goltz a observé une hyperesthésie cutanée du côté correspondant à la lésion, hyperesthésie

(1) Iᵉʳ et IIᵉ *Mém.*

qui rappelle celle qu'a si bien étudiée Brown-Séquard dans la section d'une moitié latérale de la moelle épinière (1).

La relation d'une expérience, suivie d'une observation prolongée sur un chien, fera bien comprendre quelle est la nature des troubles de la sensibilité générale que Goltz s'efforce de définir. Le chien que le professeur de Strasbourg appelle Frech, et qui mourut le 20 juillet 1879, avait survécu deux ans et trois mois à quatre opérations exécutées en février, avril, septembre et novembre 1877, opérations au cours desquelles les zones motrices droite et gauche avaient été détruites, ainsi que les lobes occipitaux des deux hémisphères, partant, les lobes pariétaux et occipitaux (2). Le cerveau de ce chien, après ces mutilations, ne pesait plus que 27 grammes, alors que le cerveau d'un chien normal de même taille pèse 90 grammes. Le poids du cerveau d'un autre chien opéré par Goltz était même descendu à 13 grammes. Après ces lésions de l'écorce, le processus atrophique atteint d'ailleurs toutes les parties du cerveau, de la base aussi bien que du manteau, demeurées indemnes. Enfin il résulte de ce que dit Goltz, qui est revenu plus tard sur l'autopsie du chien Frech, qu'il existait encore sur le *lobe pariétal* un certain nombre de circonvolutions intactes (3). A la vérité, comme ce chien avait été opéré suivant la première méthode de Goltz, les circonvolutions conservées ne nous renseignent guère sur l'étendue de la destruction véritable, qui s'étendait peut-être loin en profondeur. Or, ni ce chien, ni aucun de ceux qui ont subi des mutilations analogues des deux hémisphères n'étaient absolument anesthésiques dans une partie quelconque du corps ; aucun n'était aveugle ni sourd ; tous odoraient ou goûtaient encore. Seulement il était évident que *toutes* les fonctions de la sensibilité générale et spéciale étaient devenues tellement obtuses que l'animal ne pouvait ni ne savait plus les utiliser pour l'entretien ou la défense de son existence !

Voilà la nuance, vraiment trop subtile, et qu'on sera tenté de trouver au moins arbitraire. Elle ne l'est pas pour Goltz, sans doute, dont les observations semblent bien témoigner en effet de la persistance d'une certaine sensibilité chez ces chiens.

(1) Brown-Séquard, *Comptes rendus de la Société de biologie*, 1849, p. 192.
(2) IIIᵉ *Mém.*
(3) 1881. XXVIᵉ vol. des *Archiv* de Pflüger, p. 14.

Mais, s'il en est ainsi, on pourra toujours lui objecter, et avec toute justice, selon nous, que la raison en est surtout dans son manuel opératoire, lequel ne permet point de s'assurer de la nature précise des lésions. Bref, Goltz avait fait de son chien Frech, et de bien d'autres, un dément; mais il ne concède point qu'il l'ait rendu anesthésique! Dans son troisième mémoire, revenant sur ce qu'il avait dit dans le second, Goltz a pourtant reconnu qu'une destruction étendue du cerveau peut altérer, d'une façon permanente, avec la sensibilité générale, la vue, l'ouïe, l'odorat et le goût : voilà des lésions de déficit qui donnent fort à réfléchir.

Goltz a aussi très bien vu qu'après la destruction des deux lobes pariétaux, la sensibilité générale est bien plus émoussée, et d'une façon permanente, qu'après une lésion semblable des lobes occipitaux (1).

Qu'est-ce à dire, sinon que dans les lésions de la zone motrice, la sensibilité et le mouvement se trouvent altérés simultanément du côté opposé à la lésion, si celle-ci est unilatérale, des deux côtés, si elle est bilatérale? C'est même du trouble primitif de la sensibilité générale que Goltz, avec Schiff, fait dériver les troubles de la motilité. En tout cas, nous constatons ici l'accord des résultats expérimentaux de Goltz et de ses adversaires. Aussi Goltz est-il amené à écrire que « *les parties antérieures de l'écorce cérébrale* sont dans un rapport fonctionnel plus étroit avec les mouvements du corps, d'une part, et, d'autre part, avec la *sensibilité cutanée*, que les parties postérieures » (2). « J'incline à croire, ajoute Goltz, que la lésion étendue des faisceaux nerveux de la substance blanche sous-jacente pourrait expliquer les phénomènes consécutifs à la lésion des régions antérieures de l'écorce cérébrale. »

Quoi qu'il en soit, voici un premier résultat acquis : après une destruction étendue et profonde de la zone excitable, c'est-à-dire de la zone motrice, en même temps que le chien est paralysé du côté opposé à la lésion, la sensibilité générale est très émoussée sur toute la moitié du corps paralysé. C'est ce que démontre Goltz avec de nombreuses preuves à l'appui dans le très beau chapitre de son cinquième mémoire qu'il a intitulé : *Des suites d'une destruction profonde du cerveau antérieur* (Vorderhirn).

(1) IIIe *Mém.* Conclusion IV.
(2) IVe *Mém.* p. 36.

Au cours de la discussion des résultats comparés de Fritsch et Hitzig, de Schiff, de Ferrier et de Munk sur le même sujet, Goltz accorde aux deux premiers qu'en effet, après une destruction de la zone motrice, le sens ou la conscience musculaire est altéré d'une façon durable, mais il n'admet point avec eux que la sensibilité tactile soit indemne. Schiff enseigne, on le sait, qu'après la destruction de cette zone, la sensibilité tactile est pleinement abolie dans les territoires cutanés correspondants. « Les prétendus centres moteurs, a écrit Schiff, dans un de ses articles sur l'*Excitabilité de la moelle épinière* (1), sont en réalité des voies de passage, servant à la conduction des sensations tactiles du côté opposé du corps. Ce sont par excellence des prolongements physiologiques des cordons postérieurs de la moelle épinière. » Goltz a reconnu la lésion du sens musculaire (Hitzig) chez le chien opéré de la zone motrice; il admet également la lésion de la sensilité tactile (Schiff); à l'appui, il note que le chien barbote dans l'eau froide avec la patte paralysée et anesthésiée sans s'en apercevoir. Goltz ne concède pourtant pas à Schiff que l'animal ne sent plus les contacts : il lui est souvent arrivé, en effet, de déchaîner la fureur de ses chiens, lorsque, s'avançant par derrière au moment du repas de ces animaux, opérés du cerveau antérieur, il déterminait le plus léger contact avec leurs poils; il existait même quelquefois, nous l'avons dit, de l'hyperesthésie cutanée.

Munk, qui soutient qu'après l'ablation des centres moteurs, les animaux perdent non seulement le sens du toucher, mais encore toutes les autres modalités de la sensibilité générale, n'a fait que remanier, à cet égard, écrit Goltz, les idées de Schiff. Le professeur de Berlin appelle « sphère sensible » (*Fühlsphare*) la zone motrice; il la divise en régions dont la destruction doit être suivie d'anesthésie dans les parties opposées du corps qui ont, dans ces régions, leur centre cortical d'innervation (2). Il s'ensuit que, dans les lésions de la zone motrice, la sensibilité tactile comme la sensibilité musculaire sont lésées dans une certaine mesure. Ces faits qu'il ne peut nier, Goltz cherche à les expliquer autrement, que les localisateurs. Il avoue d'abord qu'il ne saurait décider si les troubles du mouvement qui résultent de ces lésions doivent être attribués à la des-

(1) *Archiv* de Pflüger, xxviii, 545.
(2) H. Munk. *Ueber die Functionen der Grosshirnrinde* (Berlin, 1881), p. 42 et suivantes.

truction des voies nerveuses centrifuges, c'est-à-dire des faisceaux moteurs, plutôt qu'à celle des voies centripètes, c'est-à-dire des faisceaux sensitifs (1). Il a présenté plus tard un autre essai d'explication : les lésions du lobe pariétal étant toujours suivies de troubles du mouvement et de la sensibilité générale, Goltz a songé que, peut-être, vu la situation qu'occupe ce lobe, immédiatement au-dessus de la base du cerveau, d'où rayonnent dans l'écorce des hémisphères les faisceaux conducteurs du mouvement et de la sensibilité, toute lésion destructive de cette région n'intéresse pas seulement les faisceaux destinés à l'écorce du lobe pariétal, mais le reste aussi du système des fibres nerveuses qui convergent en ce point de l'encéphale (2).

On ne peut encore dire, dans l'état actuel de la science, quelle *interprétation* des phénomènes de parésie et de paralysie des mouvements doit un jour l'emporter. Quelques cliniciens, et non des moins illustres, s'appuient sur leurs observations pour ruiner la doctrine des physiologistes qui, comme Munk ou Luciani, soutiennent que les troubles de la sensibilité générale accompagnent constamment les troubles de la motilité dans les lésions de la zone motrice du cerveau, si bien que, dans cette manière de voir, les paralysies motrices d'origine corticale ne seraient en réalité que des troubles de la sensibilité tactile et musculaire. « Il est possible, disait naguère M. Charcot, à propos de quelques cas de monoplégies du membre inférieur par lésion du lobule paracentral, il est possible qu'il existe des troubles de la sensibilité dans les lésions de la zone motrice, mais ils ne sont pas constants, et il reste à déterminer dans quelles conditions ils se produisent. » Et plus récemment encore, le même savant écrivait : « Si nous voulions étudier dans le présent mémoire tous les points qui se rattachent à l'histoire de la physiologie pathologique des régions motrices de l'écorce, nous devrions parler actuellement des troubles de la sensibilité qui peuvent accompagner les paralysies motrices d'origine corticale. Quelques auteurs attachent à ces troubles sensitifs une importance considérable. MM. Munk, Wernicke, etc., estiment que les lésions destructives de la zone motrice sont toujours accompagnées de troubles correspondants de la sensibilité. A

(1) V* *Mém.*, p. 483.
(2) *Deutsche Rundschau*, 2° article.

notre avis, c'est là une exagération. Il n'y a pas de rapport
constant et nécessaire entre la perte de la sensibilité cutanée
et les lésions corticales de la zone motrice (1). »

M. Charcot prend texte d'ordinaire de ces observations pour
s'élever contre la prétention de ceux qui voudraient subordonner la pathologie humaine aux lois de la physiologie expérimentale. Hermann Nothnagel se tient également sur la néga-
tive, quoiqu'une lueur d'espoir se dégage de son texte et
semble vaguement éclairer l'avenir : « Nous avons, dit-il, la
ferme conviction qu'en prolongeant nos efforts d'attention et
d'observation, nous trouverons également la localisation corticale des troubles de la sensibilité... Peut-être pourrait-on
tendre à dégager des faits cliniques, tels qu'ils se présentent à
cette heure, qu'il est, toutes choses égales d'ailleurs, plus que
probable que les *circonvolutions pariétales*, abstraction faite,
comme toujours, de la pariétale ascendante, doivent entrer
les premières en ligne de compte à propos des troubles de la
sensibilité (2). »

Mais Schiff, Munk, et tous ceux qui expliquent les troubles
de la motilité par ceux de la sensibilité, ont trouvé des
adversaires plus déterminés parmi les physiologistes eux-
mêmes. Sans parler de Ferrier et de Duret, dans un récent
travail (1885), où il présente sous un jour favorable un point
de doctrine de Goltz, W. Bechterew examine à son tour comment on doit interpréter les phénomènes qui suivent la destruction de la zone corticale motrice chez les animaux (3). La
thèse de ce physiologiste russe, aujourd'hui l'un des écrivains
les plus féconds en ce domaine des connaissances, c'est qu'il
existe dans l'écorce de « vrais centres moteurs. » Schiff, au
contraire, rapporte les phénomènes de paralysie motrice
observés après l'extirpation des centres psycho-moteurs, à
une lésion du sens du toucher ; il soutient que les contractions
musculaires et les mouvements des membres provoqués par

(1) *Etude critique et clinique de la doctrine des localisations motrices
dans l'écorce des hémisphères cérébraux de l'homme*, par MM. J.-M.
Charcot et A. Pitres (Paris, 1883), p. 55.

(2) H. Nothnagel, *Traité clinique du diagnostic des maladies de
l'encéphale basé sur l'étude des localisations*, trad. et annoté par P. Keraval
et précédé d'une préface par M. le professeur Charcot (Paris, 1885),
p. 441.

(3) W. Bechterew, *Wie sind die Erscheinungen zu verstehen, die nach
Zerstoerung des motorischen Rindenfeldes an Thieren auftreten?* Archiv
fur die ges. Phys., vol. xxxv, p. 137-145, 1885.

l'excitation électrique de ces régions sont de nature purement réflexe. S'il ne localise plus les centres de la sensibilité générale dans l'écorce cérébrale, Schiff soutient du moins que les faisceaux sensitifs passent à proximité de la zone excitable. L'ablation de cette zone n'empêche pas l'animal, réveillé du sommeil anesthésique, de courir comme avant, encore que les membres du côté opposé à la lésion présentent bien, suivant la nature du sol, quelques symptômes d'ataxie, une certaine incertitude de mouvements, phénomènes que Schiff compare à ceux que produit la destruction des cordons postérieurs de la moelle épinière. Mais ce qui importe surtout pour Schiff, c'est que la sensibilité tactile a disparu du côté opposé, la sensibilité tactile, non la sensibilité à la douleur ni l'énergie motrice, ni la faculté d'accomplir des mouvements. Sur ce dernier point, Bechterew objecte qu'il n'a jamais pu constater le moindre trouble de la sensibilité quand la lésion ne dépassait pas les limites de la zone motrice corticale du cerveau, c'est-à-dire les limites du gyrus sigmoïde. Or Schiff, cela résulte de ses propres paroles, ne s'est pas toujours borné, dans ses expériences, à extirper cette région : il a empiété « sur la substance cérébrale située derrière le gyrus sigmoïde. » Cette région qui, sur le cerveau humain, correspond aux circonvolutions pariétales, est précisément celle où Bechterew a essayé de localiser les centres de la sensibilité tactile, de la sensibilité musculaire et de la sensibilité à la douleur.

Les premiers de ces centres seraient situés immédiatement derrière la zone motrice corticale et en dehors de ce territoire; les seconds et les troisièmes, étroitement voisins, mais non identiques, au-dessus de la scissure de Sylvius (1). Cette localisation des centres de la sensibilité générale dans les lobes pariétaux vaut bien celle de David Ferrier qui, on le sait, l'a placée dans la région de l'hippocampe. Mais le temps ne paraît point encore venu, s'il doit venir, de la discuter à fond, l'opinion générale des physiologistes et des pathologistes inclinant visiblement vers une autre direction.

Ce qui est plus important pour nous, ce sont les objections d'un autre ordre que Bechterew adresse à Schiff, en en appelant au témoignage de Fr. Goltz. — Si Schiff, estime, dit-il,

(1) W. Bechterew, *Ueber die Localisation der Hautsensibilitaet (Tast- und Schmerzempfindungen) und des Muskelsinnes an der Oberflaeche der Grosshirnhemisphaeren.* Neurologisches Centralblatt, 1883, n° 18.

que le chien auquel on a enlevé le centre moteur de la patte droite, ne présente plus cette patte quand on l'en prie, parce qu'il a perdu les images ou représentations *tactiles* correspondantes, et non parce qu'il est paralysé (puisque, d'après Schiff, il n'existe pas de paralysie du mouvement), pourquoi ne se laisse-t-il pas conduire par le sens musculaire et par la vue? Existe-t-il donc des faits connus qui établissent que la perte du toucher ou des images de ce sens, d'origine cérébrale, entraîne l'impossibilité plus ou moins complète d'exécuter certains mouvements?

Les mouvements qui persistent après l'extirpation des centres psycho-moteurs sont des mouvements associés, tels que ceux de la marche, de la course, de la natation, bref, des réflexes profondément organisés et qui, nous l'avons vu, dépendent chez les animaux inférieurs à l'homme des actions automatiques du *petit circuit* de Ferrier : mais ce qui est plus ou moins perdu, après cette opération, ce sont les mouvements intentionnels ou volontaires. C'est ce que Goltz a fort bien exprimé, au sentiment de Bechterew, qui rend hommage à la finesse et à la sûreté d'observation psychologique du professeur de Strasbourg : « Si, en le flattant et en lui touchant la patte droite, je demande au chien (opéré de l'hémisphère gauche) de me tendre cette patte, je puis très nettement constater, par l'impression de son visage, qu'il comprend mon ordre, et si à la fin, comme en désespoir de cause, il me présente la patte gauche, je vois bien que l'animal a la meilleure volonté de me satisfaire : mais il lui est impossible de faire ce qui lui est ordonné. Entre l'organe de la volonté et les nerfs qui exécutent la volonté, une résistance insurmontable s'est quelque part élevée (1). »

. Quant aux physiologistes qui expliquent les troubles de la motilité par ceux de la sensibilité, soit tactile, soit musculaire, j'entends Schiff, Hitzig, Munk, Luciani, Goltz, etc., ils ont jusqu'ici trouvé, en dépit d'éclatantes exceptions, leur meilleurs alliés chez les cliniciens. C'est Raymond Tripier qui, par ses belles *Recherches cliniques et expérimentales sur l'anesthésie produite par les lésions des circonvolutions cérébrales*, a le mieux mérité, suivant nous, de cette province de la science (2). Dès 1877, en exposant au Congrès de Genève les phénomènes observés chez les chiens après l'ablation d'une portion du

(1) Goltz, *Ueber die Verrichtungen des Gehirns*, p. 35.
(2) *Revue mensuelle de médecine*, 1880.

gyrus sigmoïde, R. Tripier démontrait qu'il existe simultanément, des troubles de la motilité et de la sensibilité
générale. Il niait seulement qu'il existât une relation de cause
à effet entre ces deux formes d'altération. Les troubles de la
sensibilité étaient presque aussi nets que ceux du mouvement
après l'ablation de la zone motrice du cerveau, mais les premiers, loin d'être la condition des seconds, n'avaient sur eux
aucune action. L'expérience idéale aurait été de déterminer,
par une lésion du gyrus sigmoïde, l'anesthésie sans paralysie
du mouvement. Tripier coupa les racines nerveuses sensitives : le résultat ne fit que le confirmer dans sa doctrine. Des
aliénés et des hystériques qui présentent une anesthésie profonde, absolue, n'offrent aucune incoordination dans les mouvements. Donc, et c'était là la conclusion des recherches
expérimentales de Tripier, l'anesthésie de cause cérébrale ne
donne lieu à aucun désordre appréciable des mouvements :
les troubles de la motilité qu'on observe chez les animaux
opérés des centres psycho-moteurs, sont bien dus à une
parésie ou à une paralysie de la motilité. Du même coup,
Tripier semblait concilier dans une sorte de synthèse supérieure les résultats divergents des expériences de Ferrier et
de Schiff ou de Hitzig, vers lesquels Goltz incline si franche-
ment.

Dans ses recherches cliniques, qui parurent en 1880, R. Tripier pouvait presque encore écrire à bon droit, qu'à cette date
« aucun auteur (1) ne s'était préoccupé de rechercher si ces
troubles de la sensibilité pouvaient être rattachés aux lésions
mêmes des couches corticales motrices. » Lépine, dans sa
très bonne thèse sur *La Localisation dans les maladies cérébrales*
(1879), subissant l'influence des idées de Meynert, ne pensait
pas que les faits cliniques fussent opposés à l'hypothèse qui
situait le siège de la sensibilité générale dans le lobe occipital ;
à cet égard, disait-il, tout reste à découvrir. En 1879, C. de
Boyer, dans ses *Études cliniques sur les lésions corticales des
hémisphères cérébraux*, indiquait, pour le siège probable des
centres sensitifs et des centres sensoriels, la zone qui reste
latente pour la motilité ; « mais, ajoutait-il, on ne possède pas
assez de faits pour pouvoir établir leur *existence*, et à plus

---

(1) Il faudrait dire aucun clinicien, et ajouter : en France, car la
« sphère sensible » *(Gefühlsphäre)* de Munk était constituée dès la
3ᵉ communication à la Société physiologique de Berlin (15 mars 1878).

forte raison, leur siège précis. » Enfin, la même année encore,
ainsi que le rappelle Tripier, Duret, invoquant le témoignagne
de Charcot, niait qu'on eût encore constaté des troubles de la
sensibilité à la suite des lésions limitées à la zone corticale
motrice.

Ce fut alors que Tripier ne craignit pas d'écrire : « Nous
espérons prouver par nos observations que, chez l'homme
aussi, les lésions de ces mêmes parties (c'est-à-dire des couches
corticales de la zone motrice) donnent lieu non seulement à
des troubles de la motilité, mais aussi à une diminution de
la sensibilité. » Bien plus, il ne tarda pas à déclarer que, loin
que l'hémianesthésie qui accompagne l'hémiplégie soit l'exception, comme on l'admet généralement, c'est l'inverse qui est
vrai : la paralysie motrice sans trouble de la sensibilité,
voilà l'exception.

Dans les observations d'hémiplégie et d'hémianesthésie
simultanées par lésion des circonvolutions rolandiques,
Tripier notait avec soin que ni la capsule interne, ni le corps
strié, ni la couche optique, ni la capsule externe, ni les circonvolutions de l'insula, du côté de l'hémisphère lésé, ne
pouvaient être incriminés. Les lésions des lobes occipitaux
(Meynert), non plus que celles de la circonvolution unciforme
(Ferrier), ne déterminaient pas de troubles manifestes de la
sensibilité générale. A cette époque, les idées dominantes
étaient encore celles qui se trouvent si bien exposées dans la
thèse de Rendu, sur les *Anesthésies spontanées* (1875); on
rapportait, non à une lésion corticale, mais à une lésion du
segment postérieur de la capsule interne, toutes les formes de
l'anesthésie.

On supposait, dans le cas de lésions de l'écorce, que
celles-ci s'étendaient assez en profondeur pour atteindre le
faisceau sensitif de Meynert qui gagne directement le lobe
occipital, et cela même quand les lésions étaient limitées aux
circonvolutions ascendantes! On imaginait une compression
à distance des fibres de la capsule interne ou des troubles secondaires de la circulation dans cette région (Rosenthal).
Tripier, qui, dans ses observations, n'avait jamais rencontré
ces lésions secondaires de la capsule interne, rappelait que si
les fibres sensitives qui passent dans la partie postérieure de
ces faisceaux se rendent à l'écorce du cerveau, on a tout lieu
de croire que ces fibres rayonnent dans les régions psycho-
motrices. En fait, Tripier avait trouvé que les parties les

plus paralysées étaient aussi les plus profondément anesthé-
siées, quoique la motilité paraisse, à l'ordinaire, plus atteinte
que la sensibilité. Il en concluait donc que les circonvolutions frontale et pariétale ascendantes renferment à la fois,
quoique séparés et distincts, les centres du mouvement et de
la sensibilité ; bref, que la zone dite *motrice* doit être appelée « sensitivo-motrice (1). »

L'année suivante, en 1881, Gilbert Ballet, en tête de ses
*Recherches anatomiques et cliniques sur le faisceau sensitif et
les troubles de la sensibilité dans les lésions du cerveau*, écrivait ces paroles qui, plus vraies que jamais aujourd'hui, ne
trouvaient alors que bien peu d'échos dans l'École : « La doctrine des localisations motrices est des mieux établies. » Dans
l'étude du trajet intracéphalique des fibres de la sensibilité
générale, de la capsule interne à l'écorce, il estimait que les
circonvolutions frontale et pariétale ascendantes, tout au
moins dans leurs parties supérieures (lobule paracentral),
recevaient des fibres du faisceau sensitif. Les limites de la
zone sensitive, qui comprenait alors dans une sorte de chaos
indistinct les sensibilités spéciales, s'étendaient en arrière à
la partie postérieure du manteau, en avant jusqu'aux pieds des
circonvolutions frontales, mais la frontale ascendante et la
pariétale ascendante, la zone motrice, en un mot, y était incluse,
et, comme R. Tripier, Ballet pensait que cette zone pouvait
être légitimement appelée « sensitivo-motrice ». S'il est
exact, écrivait-il, que les circonvolutions ascendantes re-
çoivent des fibres émanées du faisceau sensitif, pourquoi —
bien que l'on rencontre dans la substance grise de la zone
motrice des cellules (les cellules de Betz) qu'on ne rencontre
guère dans les régions exclusivement sensitives de l'écorce,
— pourquoi continuerait-on d'opposer les circonvolutions
motrices aux circonvolutions sensitives ? Il rencontrait ici
deux sortes d'adversaires. Les uns, non seulement admet-
taient que la sensibilité est altérée dans les lésions de la zone
motrice : ils allaient jusqu'à subordonner les troubles du
mouvement à ceux de la sensibilité. Les autres reconnais-

(1) Grasset, dans la 3ᵉ édition de son livre sur les *Localisations dans
les maladies cérébrales* (1880) consacrait un chapitre spécial aux troubles
de la sensibilité générale dans les lésions corticales ; la même année,
Grasset publiait, dans la *Revue mensuelle de médecine*, deux cas remarquables de troubles simultanés de la sensibilité et de la motilité par
lésions corticales pures.

saient l'indépendance réciproque des deux ordres de symptômes, mais ils affirmaient qu'aux lésions de la motilité
étaient liés des troubles de la sensibilité. G. Ballet, au contraire, s'efforça de rassembler des faits cliniques capables
d'établir, contre Schiff, Hitzig, Nothnagel et Munk, d'une
part, que l'anesthésie tactile et la perte du sens musculaire
peuvent être complètes (chez les hystériques) sans que la motilité soit manifestement troublée; d'autre part, qu'il existe
des paralysies motrices absolues sans trouble de la sensibilité.

Mais, la même année (1881), Th. Petrina, de Prague, publiait un recueil d'observations cliniques sur *Les Troubles de
la sensibilité dans les lésions de l'écorce cérébrale* des centres psycho-moteurs, et ce travail, qui a fait époque dans la
science, ralliait les esprits hésitants, les ramenait vers la
doctrine de R. Tripier, au moins en partie, les poussait
dans le grand courant qui emporte, qu'elle le veuille ou non,
la pathologie humaine vers la physiologie expérimentale (1).

Les six observations de lésions corticales pures qu'il rapporte sont de petits chefs-d'œuvre de critique et d'élégante
précision. Ces lésions, étroitement circonscrites, intéressaient
la zone psycho-motrice qui entoure le sillon de Rolando. Or
dans cette région, qui jusqu'ici, dit Petrina, ne passait que
pour être motrice, il a observé, à côté de troubles très nets
de paralysie motrice, des altérations non moins nettes de la
sensibilité générale. Ne disons rien ici des premiers; les
autres consistaient dans un affaiblissement plus ou moins
grand des divers modes de la sensibilité générale, c'est-à-dire
du sens du toucher, du sens musculaire, du sens de la pression, de la température et de la douleur, tandis que les sens
spéciaux, l'odorat et le goût, l'ouïe et la vision, demeu-
raient tout à fait intacts. Petrina signale même ici le critérium qui permet de distinguer les anesthésies corticales des
anesthésies capsulaires, c'est-à-dire de celles qui dérivent
d'une lésion du tiers postérieur de la capsule interne où, à
côté d'une paralysie plus ou moins accusée de la sensibilité
générale, on peut observer des troubles de l'odorat, du goût,
de l'ouïe et de la vision. Dans l'une des deux observations
qu'il a réunies à celles dont nous venons de rappeler les ré-

(1) Th. Petrina, in Prag. *Sensibilitaets Stoerungen bei Hirnrindenlea-
sionen* (Zeitschrift f. Heilkunde, II, 375. 5 décembre 1881).

sultats, Petrina démontre, contre l'opinion de Meynert, que des destructions même étendues du lobe occipital, n'entraînent d'ordinaire aucun trouble de la sensibilité générale.

Goltz a surtout dirigé les traits de sa critique contre ce qu'on nomme, d'après Munk, la « sphère du tronc » (Rumpfregion), c'est-à-dire contre la sphère sensible, et partant motrice, des régions de la nuque et du tronc, localisée par Munk dans l'écorce des lobes frontaux (1). Le professeur de Strasbourg exhorte, en raillant, les cliniciens à recueillir des faits à l'appui de cette nouvelle localisation, la plus aventureuse de toutes, à son avis, car il n'a jamais, ni lui ni ses élèves (2), après l'ablation de ce territoire cortical, rien observé de semblable à ce que décrit Munk sur ses chiens (courbure latérale de la colonne vertébrale, attitude en dos de chat, etc.). Pour Goltz, les troubles consécutifs à cette lésion expérimentale ressemblent à ceux qui se montrent après une lésion étendue de la zone motrice. Ainsi, un chien auquel il avait enlevé le lobe frontal gauche, perdit pour un temps la faculté de présenter la patte droite; il marchait dans le vide avec les membres du côté droit et donnait d'autres preuves encore que sa motilité et sa sensibilité générale étaient atteintes de ce côté. Nous reviendrons sur les troubles de la vision qu'entraîne quelquefois, suivant Goltz, la même lésion, ainsi que sur les considérations importantes qu'à plusieurs reprises il a présentées sur les rapports des lobes frontaux avec l'intelligence. Pour le moment, nous devons remarquer simplement que la pathologie humaine, imprudemment provoquée, a déjà fourni des armes pour la cause de Munk contre son ardent critique. Déjà en 1882, l'auteur célèbre du livre sur la Symptomatologie et le diagnostic des tumeurs cérébrales, Bernhardt, qui, lui aussi, avait souvent

(1) V° Mém. p. 484 ; Deutsche Rundsch u, p. 482.
(2) Kriworotow, Ueber die Functionen des Stirnlappens des Grosshirns (Strasb., 1883). Cet auteur, très agressif contre Munk, ainsi qu'il convient, paraît-il, à un disciple de Goltz, n'a pu connaître le travail de Munk, Ueber die Stirnlappen des Grosshirns, publié dans les Sitzungsberichte des k. preussischen Academie der Wissenschaften zu Berlin. Séance du 20 juillet 1882. Kriworotow n'est guère moins agressif, d'ailleurs, contre Wernicke, qui admet la Rumpfregion de Munk, et contre Charcot, pour qui l'encéphale est, non pas un organe homogène, mais une fédération d'organes divers. (Leçons sur les localisations dans les maladies du cerveau. Paris 1876, p. 3.)

observé la simultanéité des troubles du mouvement et de la
sensibilité dans les lésions de la zone motrice corticale de
l'hémisphère opposé, communiquait une observation person-
nelle (cas V), où la moitié droite du cou, de la nuque et du
tronc était, avec le membre supérieur, frappée à la fois de
paralysie et d'anesthésie, observation « confirmative des expériences de Munk sur les chiens et les singes dans les lésions
expérimentales de l'écorce du lobe frontal (1). »

Je ne puis insister ici sur les travaux et les discussions re-
latifs à la « sphère sensible » (Fuehlsphaere) de Munk qu'on
trouve dans Wernicke, Westphal, Kahler et Pick, Binswanger (2), etc. Il nous faut signaler au moins les résultats de
l'espèce de statistique touchant les cas de troubles de la sensibilité générale par lésions de la zone motrice corticale, qui
se dégagent d'un travail d'Hermann Lisso, publié à Berlin
en 1882, entrepris et exécuté sous la direction de Munk lui-
même, et intitulé : *Doctrine de la localisation de la sensibilité générale dans l'écorce du cerveau* (3). La doctrine de la
« sphère sensible », de Munk, peut être considérée comme une
synthèse des idées de Schiff, de Hitzig et de Nothnagel à ce
sujet : elle les embrasse toutes et les concilie, mais en les
transformant en une doctrine vraiment psychologique.
Comme les autres centres ou sphères de la sensibilité spéciale, la sphère sensible est composée de centres corticaux
où les impressions de la sensibilité générale, avec leurs divers modes, sont perçues, associées et conservées sous
forme d'images ou d'idées sensitives et motrices. La « sphère
sensible » est le siège de la mémoire des images de la sensibilité générale et du mouvement, comme la sphère de la vision mentale est le siège des images visuelles, comme la
sphère de l'audition mentale est le siège des images auditives, etc. Après avoir déterminé expérimentalement les rapports des diverses régions du corps, — tels que les bras et les

(1) Martin Bernhardt, *Beitrag zur Lehre von den Stoerungen der
Sensibilitaet und des Sehvermoegens bei Laesionen des Hirnmantels.*
(Archiv f. Psychiatrie, XII, 1882, p. 780 et suiv.)
(2) *Charité-Annalen*, VI, VII, VIII, Jahrg. Le travail de Binswanger,
directeur de la clinique de psychiatrie d'Iéna, contient deux observations bien remarquables de troubles de la motilité et de la sensibilité
générale, par lésion de la zone motrice corticale : *Casuistischer Beitrag
zur Pathologie der Fuehlsphaere* (Berlin, 1883).
(3) *Zur Lehre von der Localisation des Gefuehls in der Grosshirnrinde*
(Berlin 1882).

jambes, la tête, les yeux, les oreilles, la nuque et le tronc, — avec les différents points de l'écorce, Munk constitua cette *Fuehlsphaere* qui comprend les circonvolutions frontales, rolandiques et pariétales, région du manteau qui coïncide précisément en grande partie avec l'ancienne zone motrice, mais avec une extension considérable.

Quant à la nature des troubles de la sensibilité générale observés dans ces expériences, Munk, dissociant en psychologue exercé les différents modes de cette sensibilité, distingue : 1° la perte des idées ou images de *contact* et de *pression*, qui ont pour origine les *sensations cutanées*; 2° la perte des idées de localisation et de situation dans l'espace (*Lagevorstellungen*), qui dérivent à la fois des *sensations cutanées et des sensations musculaires*; 3° et 4° la perte des idées du *toucher* et du *mouvement* (*Tast-und Bewegungsvorstellungen*), nées de l'association du *sentiment de l'innervation* avec les *sensations musculaires et cutanées* : c'est par ces idées que nous avons conscience des formes et des surfaces, ainsi que des mouvements actifs des parties de notre corps, en d'autres termes, des mouvements appelés volontaires.

Les observations des troubles de la sensibilité générale correspondant à cette division, ont été rassemblées par Lisso et groupées sous trois chefs principaux, selon que ces troubles dérivent : 1° de lésions corticales pures, c'est-à-dire limitées à l'écorce corticale grise; 2° de lésions où la substance blanche sous-jacente était intéressée, avec ou sans autres complications (tumeurs, etc.), et 3° de cas cliniques. Lisso a fait plus encore : poursuivant l'étiologie des troubles des différentes modalités de la sensibilité générale, il admet, mais seulement à titre d'hypothèse, qu'on veuille bien le remarquer : 1° que la *sensibilité cutanée*, avec les idées de pression et de contact qui en proviennent, avec ses divers degrés d'intensité, qu'on appelle *hyperesthésie, anesthésie et paresthésie*, est surtout atteinte par les lésions les plus superficielles de l'écorce; 2° que les images ou idées du *sens musculaire* sont affectées par les lésions des couches plus profondes, intermédiaires, de l'écorce; 3° que les images ou idées du *toucher* et du *mouvement* sont modifiées dans leur vie psychique, effacées ou abolies par les lésions des couches plus profondes encore de l'écorce des circonvolutions frontales, rolandiques et pariétales, c'est-à-dire de la zone sensitivo-motrice. Il en résulte avec toute évidence que la perte de ce dernier groupe d'ima-

ges équivaut à une *paralysie motrice*. Celle-ci varie naturellement avec l'intensité et l'étendue du processus pathologique,
surtout avec la localisation anatomique de ce processus, suivant que ce sont les centres corticaux sensitivo-moteurs de la
face ou des extrémités, de la nuque ou du tronc, qui ont été
atteints par des foyers d'hémorragie ou de ramollissement,
ou par des tumeurs cérébrales.

Les quatre-vingt-huit cas de troubles de la sensibilité générale observés dans les lésions corticales de la zone motrice,
et empruntés par Lisso à Westphal, à Kahler et à Pick, à
Petrina, à Cornil, à Grasset, à Landouzy, à Ballet, à Wernicke, etc., portent un coup décisif aux doctrines de Goltz
et découvrent bien ce qu'il y a trop souvent de superficiel
dans son scepticisme et dans son ironie.

L'espace nous manque, et nous ne pouvons que rappeler
les conclusions d'Exner (1), pour qui « les différents centres
ou territoires de la sensibilité tactile des différentes parties
du corps, se confondent en général avec les centres ou territoires moteurs de l'écorce cérébrale, » — et surtout celles de
Luciani, de Seppilli et de Tamburini qui, au point de vue de
la physiologie expérimentale, ont toujours constaté, après
l'extirpation totale ou partielle de la zone motrice, des paralysies, non seulement du mouvement, mais de la sensibilité
cutanée et musculaire, et, au point de vue clinique, des troubles également de la sensibilité cutanée et musculaire correspondant à des lésions des circonvolutions frontale et pariétale ascendantes, du lobule paracentral, et aussi des frontales et des pariétales (2).

Goltz loue d'ailleurs Luciani, ainsi que Sigismond Exner,
d'avoir étendu et confondu, dans une certaine mesure, les
différents centres psychiques de l'écorce cérébrale, au lieu
de les circonscrire ou de les juxtaposer exactement, comme
il accuse ses adversaires de le faire. Il lui plaît de voir « s'en-
grainer » et s'effacer vaguement les limites des sphères de la
vision, de l'audition, de l'olfaction, du mouvement et de la
sensibilité générale. Il applaudit surtout à cette sorte de *sen-
sorium* et de *motorium commune* où viendraient confluer

(1) *Untersuchungen ueber die Localisation der Functionen in der
Grosshirnrinde des Menschen* (Wien, 1881), p. 63 et suivantes.
(2) Luciani e Seppilli, *Le localizzazioni funzionali del cervello*
(Napoli, 1885), p. 296 et 328. Cf. la traduction allemande de cet ouvrage
par Fraenkel (Leipzig, 1886), p. 245 et 321.

et se perdre en quelque sorte toutes ces sphères, dernier vestige, survivance affaiblie des conceptions de Flourens. Mais il est une erreur de Luciani que Goltz ne peut supporter. Le physiologiste de Florence soutient, en effet, que la sphère corticale qui préside à la sensibilité générale et au mouvement ne serait exclusivement en rapport qu'avec la moitié opposée du corps. Voici l'objection de Goltz : — Si l'on pratique sur un chien une destruction étendue et profonde de la zone excitable *gauche*, l'animal perd la faculté de présenter la patte droite; mais, peu à peu, l'animal recouvre cette aptitude. Selon Luciani, ce sont les corps striés de l'hémisphère lésé qui suppléent la fonction perdue, du centre cortical enlevé. Mais si, plusieurs mois après, on enlève à l'animal, qui a appris dans l'intervalle à présenter les deux pattes, la zone excitable *droite*, pourquoi le chien perd-il pour toujours la faculté de présenter les deux pattes ? Si Luciani avait raison, la dernière opération n'aurait dû nuire qu'aux mouvements de la patte gauche. En outre, si la suppléance de l'écorce par les ganglions de la base est chose si facile, pourquoi le chien a-t-il pour toujours désappris à présenter les deux pattes ? — Pour moi, répète Goltz, il est indubitable que chaque moitié du cerveau est en rapport, par des voies nerveuses particulières, avec tous les muscles et avec toutes les régions sensibles du corps. Il faut convenir seulement que l'union entre chaque hémisphère cérébral et la partie opposée du corps, est plus intime que celle qui existe entre le cerveau et la moitié homonyme du corps. Ainsi l'hémisphère gauche du cerveau est en rapport plus étroit avec le bras droit qu'avec le bras gauche.

En somme, quoiqu'il nie qu'il existe aucun territoire de l'écorce cérébrale qu'on puisse considérer comme le centre de la sensibilité générale et du mouvement, Goltz a surtout observé des troubles de cette nature dans les lésions destructives du cerveau antérieur des animaux, c'est-à-dire des lobes frontaux et pariétaux : or c'est précisément dans ces régions que la physiologie expérimentale et l'observation clinique ont localisé ces troubles. Goltz soutient que, par l'ablation de la sphère sensible de Munk, l'animal n'est point frappé d'anesthésie; mais, presque toujours en même temps, il remarque expressément : 1° que la sensibilité cutanée est plus émoussée sur toute la surface du corps du côté opposé à la lésion; 2° que l'animal est devenu inhabile à se servir de sa sensibilité tactile pour explorer les corps ou les surfaces, par exemple qu'il n'ose pas sauter hors d'une cage peu élevée au-dessus du sol; qu'il marche quelquefois dans le vide; qu'il barbote dans l'eau froide sans s'en apercevoir, etc. Enfin, il est si vrai que Goltz a observé des troubles de la sensibilité générale chez les animaux dans les lésions des lobes frontaux et pariétaux, qu'il a rapporté, avec Schiff, les troubles paralytiques, ou, comme il s'exprime, « la lourdeur et la maladresse des mouvements » de ces animaux, à une « obtusion » de la sensibilité tactile.

Ces contradictions ne portent pas, sans doute, sur le fond des choses : la sensibilité peut être émoussée, la motilité peut être affaiblie, sans qu'il existe de paralysie ou d'anesthésie proprement dites : c'est la thèse de Goltz. Mais ces troubles caractéristiques, consécutifs aux lésions qui d'ordinaire les provoquent, indiquent assez que, si l'on peut discuter sur leur intensité, on doit tomber d'accord sur leur nature. Or celle-ci en montre suffisamment l'origine. Certes, des expériences pratiquées dans les conditions où Goltz a longtemps persisté et persiste encore à se tenir, ne sauraient être d'aucun usage pour les doctrines qu'il défend ou contre celles qu'il attaque : Hitzig, Munk et Luciani le lui ont souvent répété. Mais notre but principal a été de montrer qu'en dépit des procédés défectueux de l'expérimentateur, et des négations accumulées du doctrinaire, il y a, chez Goltz, un observateur pénétrant et sagace, un juge sincère, candide et loyal, qui voit bien ce qu'il voit, et le dit toujours avec franchise, alors même que les résultats de ses expériences sont favorables aux adversaires. A dire vrai, j'estime que Goltz n'a guère le sentiment des coups qu'il se porte à lui-même. C'est avec une sorte d'inconscience profonde qu'il a travaillé, depuis dix ans, au succès de la doctrine ennemie.

IV. — La sensibilité spéciale

LA VUE. — Il nous reste à parler des sens spéciaux et de l'intelligence. L'étude des troubles des fonctions de la vue a surtout attiré l'attention de Goltz; elle mérite donc un examen spécial.

Dans le domaine entier de la psychologie physiologique il

n'est pas de sujet dont l'étude ait atteint un si haut degré de
sûreté et de précision. Les doctrines de l'optique physiologique, la connaissance des rapports anatomiques de l'appareil
périphérique de la vision avec les ganglions intermédiaires et
l'écorce cérébrale, les théories de la vision mentale, de l'hémianopsie, de la cécité psychique et de la cécité corticale, possèdent un caractère de rigueur et de certitude expérimentales
qui est encore des plus rares dans les sciences biologiques.
Cet examen critique des doctrines de Goltz aurait dû être pour
nous l'occasion d'étudier ici les travaux sur ce sujet, souvent
admirables, de Panizza (1), de Hitzig (2) et de Munk (3), de
Gudden (4) et de Monakow (5), de Mauthner (6), de Fuerstner (7),
de Stenger (8), de David Ferrier et de Yeo (9), de Bechterew (10),

(1) *Osservazioni sul nervo ottico* (1855), in *Memorie dell' J.-R. Istituto
Lombardo di scienze,...* V. — Milano, 1856, p. 375-390.
(2) *Centralblatt fuer d. med. Wissensch.* 1874, p. 548.
(3) *Ueber die Functionen der Grosshirnrinde* (1877-1880). Berlin, 1881;
*Ueber die centralen Organe f. das Sehen u. Hoeren bei der Wirbelthie-
ren.* In *Sitzungsber. d. Akad. d. Wissensch. zu Berlin*, 12 juillet 1883
3 avril 1884, 4 et 11 février 1886.
(4) *Recherches expérimentales sur la croissance du crâne.* Trad. par
Aug. Forel Paris, 1876, p. 57 et suiv. — *Archiv f. Psychiatrie*, 1870.
— *Bericht ueber die Jahresversammlung des Vereins d. deutschen
Irrenaerzte Baden-Baden,* sept. 1885.
(5) *Ueber einige durch Extirpation circumscripter Hirnrindenre-
gionen bedingte Entwickelungshemmungen des Kaninchengehirns.*
Archv. f. Psych., XII, 1882, p. 141 sq. — *Experimentelle und patho-
logisch-anatomische Untersuchungen ueber die Beziehungen der soge-
nannten Sehsphaere zur der infracorticalen Opticuscentren und zum
N. opticus.* Ibid. XIII, 1883, p. 699 sq., XVI, 1885, p. 151 sq.;
p. 316 sq. — *Neurologisches Centralblatt,* 1883. — *Einiges ueber die
Ursprungscentren des N. Opticus u. ueber die Verbindungen derselben
mit der Sehsphaere.* Verhandlungen der physiologischen Gesellschaft
zu Berlin. Sitzung am 30 Jan. 1885.
(6) *Gehirn und Auge.* In *Vortraege aus dem Gesammtgebiete der
Augen-Heilkunde.* Wiesb., 1881.
(7) *Ueber eine eigenthuemliche Sehstoerung bei Paralytikern.* Archiv
f. Psych., VIIIe et IXe vol., 1877-1878.
(8) *Die cerebralen Sehstoerungen der Paralytiker.* Archv f. Psych.,
XIII, 1882, 218-50.
(9) *Les fonctions du cerveau,* § 65. — *Cerebral amblyopia and he-
miopia.* Brain, 1881, p. 456 et suiv.
(10) *Experimentelle Ergebnisse ueber den Verlauf der Sehnerven-
fasern auf ihrer Bahn von den Kniehoeckern zu den Vierhuegeln.*
Neur. Centralbl., 15 juin 1883. — *Ueber den Einfluss der Abtragung
der Grosshirnhemisphaeren an Thieren auf das Gesicht und Gehoer.*
(Mitgetheilt in der Sitzung der St. Petersb. psychiatrischen Gesellschaft.
Oct. 1883.)

de Crouigneau (1), de Luciani et de Tamburini (2), etc., sans
oublier ceux de Christiani (3), l'adversaire de Munk, et de
Jacques Lœb (4), le disciple de Goltz. Quant aux articles
de revues et de journaux, notes ou mémoires, qui se publient
sur cette matière, et dont la connaissance, forcément incom-
plète, est nécessaire pour suivre en ses moindres fluctuations
cette marée montante des sciences de la vie en ce domaine de
la sensibilité spéciale, nous aurions désiré pouvoir indiquer,
chemin faisant, au moins quelques-uns de ceux qui contiennent
des observations ou des expériences de premier ordre (5).
Tous ces mémoires ont été analysés et résumés par nous à
l'École pratique des hautes études. Mais ces résumés et ces
analyses, dont le moindre aurait souvent les dimensions d'un
de ces articles, nous ne pouvons les publier dans cette étude :
il s'agit en effet d'un examen des doctrines de Goltz, et non
d'un autre. C'est, en outre, une prétention peu justifiée que
d'espérer faire tenir en quelques lignes de généralités les résultats de tous ces grands travaux, qui valent surtout par les
détails et par les précisions. C'est d'ailleurs à la pleine lumière
de ces travaux contemporains que nous allons examiner les
doctrines de Fr. Goltz sur les fonctions centrales de la vision.

Lorsque Goltz publia, en 1869, son travail sur les *Fonctions
des centres nerveux de la grenouille* (6), il démontra, contrai-

(1) *Etude clinique et expérimentale sur la vision mentale.* Th. de
Paris, 1884.

(2) *Sui centri psico-sensori corticali.* Reggio-Emilia, 1879.

(3) *Zur Physiologie des Gehirns.* Berlin, 1885.

(4) *Die Sehstoerungen nach Verletzung der Grosshirnrinde. Nach
Versuchen am Hunde.* Archiv f. d. ges. Physiologie... Pfluger's, 1884,
p. 67-172.

(5) V. surtout A. Nieden, *Ein Fall von einseitiger temporaler
Hemianopsie des rechten Auges nach Trepanation des linken Hinter-
hauptbeines.* In : Albr. v. Graefe's Archiv f. Ophthalmologie.
XXIXᵉ vol. p. 143. Berl., 1883. — O. Berger, *Zur Localisation der
corticalen Sehsphaere beim Menschen.* Breslauer aerztliche Zeitschrit.
1885, nᵒˢ 1d5ᵗ Seguin, *A contribution to the pathology of hemianopsia
of central origin.* Medical News, 14 nov. 1886. — Richter, *Ueber
secondaere Atrophie der optischen Leitungsbahnen von den Occipital-
windungen aus nach dem Pulvinar.* Berl. Gesellschaft f. Psych.
u. Nervenkrankh. 11 mai 1885. Les observations de Huguenin (1878),
les expériences capitales de Vulpian (1878), etc., etc. Moriz Benedikt,
de Vienne, vient de publier une observation magnifique d'aplasie des
lobes occipitaux, partant des centres de la vision mentale de Munk,
dans un cas de cécité congénitale : *Kephalometrischer Befund bei cor-
ticaler angeborener Blindheit.* Neur. Centralbl., 15 mai 1886.

(6) *Breitraege zur Lehre von den Funotionen der Nervencentren des
Frosches.* Berlin, 1869.

rement aux doctrines de Flourens, de Longet et de Schiff,
qu'après l'ablation du cerveau tout entier, une grenouille peut
encore non seulement voir, mais éviter avec adresse les obstacles placés sur son chemin. Quelques années auparavant,
Renzi avait soutenu que, par l'ablation du cerveau, la grenouille ne perd que la vision mentale ; elle conserve, grâce
au mésocéphale, les sensations brutes de la vue : elle voit sans
conscience ; elle sent : elle ne perçoit plus ; elle est, comme
le dira Munk, frappée de cécité psychique, ce qui ne l'empêche
point d'éviter les obstacles, de voir, et de réagir par ses mouvements d'une façon appropriée. Mais l'opinion reçue était
alors que les animaux dont les hémisphères cérébraux ont été
enlevés sont, ou complètement aveugles, ou, tout en voyant
encore, incapables d'utiliser des mouvements appropriés à
leurs impressions visuelles.

Or il fallait distinguer : ce qui est vrai pour les oiseaux et
les mammifères, dont l'organe central de la vision est dans
le cerveau, ne l'est plus pour les amphibies, pour les grenouilles,
qui voient avec leur mésocéphale, avec leurs lobes optiques.
Les anciens anatomistes considéraient ces lobes comme une
sorte de cerveau postérieur. Mais les dernières recherches
d'anatomie comparée, celles de Gœtte entre autres, doivent
faire envisager les lobes optiques de la grenouille comme
correspondant aux tubercules quadrijumeaux des mammifères, dont ils possèdent d'ailleurs la structure histologique, très
différente de celle du cerveau, du cerveau de la grenouille elle-
même comme de celui des mammifères. Le cerveau de la
grenouille n'est pourtant encore, dans l'évolution des êtres
vivants, qu'un organe rudimentaire ; son mésocéphale est au
contraire d'une stucture très complexe, indice d'importantes
fonctions. Les expériences de Blaschko (1), instituées dans le
laboratoire de Munk, ont montré l'accord de la physiologie
et de l'anatomie comparées. S'il est incontestable, comme
Goltz l'a soutenu, que la grenouille voit sans cerveau, et
qu'elle voit avec conscience, il restait à éliminer tous les centres nerveux encéphaliques situés derrière le cerveau, pour
découvrir lequel de ces centres était le siège de la vision.
C'est ce qui a été fait pour le cervelet, la moelle allongée, la
couche optique. Seuls les lobes optiques ont paru être la condition nécessaire et insuffisante de cette fonction.

(1) *Das Sehcentrum bei Froeschen*. Berlin, 1880.

En 1871, Lussana et Lemoigne (1) publiaient de leur côté de bien curieuses expériences : un pigeon, dont l'hémisphère gauche et l'œil gauche ont été enlevés, sait encore fort bien éviter les obstacles, mais il ne *voit* plus la nourriture étendue devant lui et n'éprouve plus de crainte devant les objets mena-çants. La raison en est, disaient les auteurs, que l'œil droit, demeuré indemne, n'étant en aucun rapport chez les oiseaux avec l'hémisphère cérébral droit conservé, les impressions de la vue n'arrivent plus à la conscience. L'animal ne peut donc plus attacher une signification quelconque aux objets qui impressionnent sa rétine. Mais les rapports de l'œil droit avec le mésocéphale et avec le cervelet sont demeurés intacts : les organes centraux de la progression, situés derrière le cer-veau, perçoivent encore les impressions transmises par l'œil droit ; c'est là ce qui permet à l'oiseau d'éviter machinalement les obstacles ; il voit sans conscience, les images rétiniennes sont utilisées d'une façon appropriée sans qu'il existe de per-ceptions conscientes du sens de la vue.

Cette explication, qui pouvait à cette époque paraître plei-nement satisfaisante pour les oiseaux, ne pouvait l'être pour les mammifères, car Goltz soutient déjà dans son premier mémoire (1876) que, chez le chien, chaque hémisphère du cer-veau est en rapport avec les deux yeux, et par conséquent que les impressions de la rétine droite arriveraient aussi à l'hé-misphère droit du cerveau, à la conscience, chez un mammifère qui aurait subi la même opération que le pigeon de Lussana et Lemoigne. Munk a d'ailleurs prouvé depuis que, chez les oiseaux comme chez les mammifères, chaque hémisphère est en rapport avec les deux rétines (2). L'ingénieuse et élégante expérience de Lussana et Lemoigne n'en sert pas moins de pendant à celles de Goltz sur les chiens (3). Comment expli-quer, demandait ce physiologiste, les troubles étonnants du sens de la vue chez les chiens dont un hémisphère cérébral a été détruit ? L'animal évite tous les obstacles ; on ne peut dire qu'il est aveugle ; et pourtant il ne *voit* pas la viande comme telle, il a perdu la notion des dimensions de l'espace, il ne s'effraie plus à la vue des objets, du fouet, par exemple, qui d'ordinaire lui inspiraient de la crainte.

(1) *Fisiologia dei centri nervosi encefalici.* Padova, 1871.
(2) *Ueber die centralen Organs f. das Sehen* etc. Sitzungsb. d. Aknd. d. Wiss. Berlin, 1883.
(3) *Premier Mém.* p. 24.

L'hypothèse que faisait Goltz alors pour expliquer ces faits, était que, chez ces animaux, le sens des couleurs (*Farbensinn*), le sens de l'espace et le sens des lieux (*Raumsinn, Ortssinn*) devaient être extraordinairement affaiblis. Le chien, disait Goltz, ne reconnaît plus un morceau de viande comme tel, parce que cet objet qui, avant l'opération, lui apparaissait de couleur rouge vif, avec des contours nets et arrêtés, ne lui présente plus maintenant qu'une masse grise, terne et vague. Il ne reconnaît plus un fouet comme tel, il ne distingue plus un individu déterminé, parce que les images qu'il perçoit sont indécises et incolores et ne ressemblent pas à celles qu'il a conservées dans sa mémoire visuelle. Mais il perçoit les mouvements d'un corps, d'une main, parce qu'il a conscience du déplacement de l'image rétinienne. L'activité automatique des centres nerveux inférieurs lui permet aussi d'éviter les obstacles, qui l'impressionnent suffisamment, grâce aux effets d'ombre et de lumière. C'est ainsi que, par un brouillard épais, si l'on marche lentement, on peut avancer sans se heurter. En somme, concluait Goltz, en 1876, après une destruction considérable du cerveau (un hémisphère), les animaux sont toujours aveugles, dans les premiers temps, de l'œil opposé à la lésion ; peu à peu la faculté de voir se restaure, mais certains troubles visuels persistent. « Je prouverai, disait-il au commencement de ce premier mémoire, qu'après une lésion considérable du cerveau d'un côté, la faculté de voir subit toujours une notable atteinte sur l'œil du côté opposé. » Or à cette époque presque tous les physiologistes niaient qu'une simple mutilation du cerveau pût léser le sens de la vue. Schiff déclarait expressément que la destruction même d'un hémisphère entier n'exerce sur ces fonctions aucune influence. Seul Hitzig, en 1874, dans une courte notice du *Centralblatt fuer die med. Wissenschaften*, avait écrit qu'après une lésion du lobe occipital, l'œil du côté opposé est frappé de cécité.

Ce fut la deuxième grande découverte de Hitzig, une des grandes découvertes de ce siècle, un oracle prophétique que Goltz enregistra, mais avec des réserves, et sans en avoir compris l'immense portée.

Dans le second mémoire, où il s'agit de destruction bilatérale du cerveau du chien, Goltz reconnaît que les troubles de la vision, en particulier la perte de la faculté de comprendre la nature et la signification des images que les objets extérieurs réflètent sur la rétine, doivent être considérés comme des symptômes d'une lésion de déficit : il y a perte d'une fonction qui appartenait en propre aux parties du cerveau détruites par l'opération. Cette fonction, c'était celle de la vision mentale, ou, comme dit Goltz, de l'œil intérieur. Est-il possible de la localiser? Il est bien remarquable qu'après avoir admis, dans le troisième mémoire, que « les lésions du lobe occipital semblent avoir pour effet de déterminer un trouble permanent plus profond de la vision, » Goltz insiste de nouveau, dans ce même mémoire, sur la possibilité de déterminer ces troubles par la lésion des points les plus distants du cerveau. C'est même la raison, à ses yeux, de la divergence d'opinions des auteurs sur le siège de cette localisation. Munk, Ferrier, Luciani, tous auraient également raison, si le centre de la vision mentale était à la fois partout et nulle part.

Goltz interprétait encore à cette époque, comme nous l'avons dit, la nature des troubles visuels de ses animaux opérés : ils devaient voir tout confondu ainsi que dans un brouillard. « Je m'en tiens, disait-il, à l'hypothèse que ce trouble visuel consiste dans un rétrécissement du sens des couleurs et du sens de l'espace. » Et il empruntait à Stilling l'observation d'un cas pathologique : une jeune fille de vingt-quatre ans, dans des accès de céphalalgie, voyait de l'œil correspondant comme à travers de la fumée. En outre, Munk ayant écrit que les singes auxquels il avait enlevé les sphères visuelles « se frottent les yeux avec leurs mains, comme un homme qui voudrait éclaircir sa vue, » Goltz découvre là un nouveau fait favorable à son hypothèse. Car si l'animal continue à voir et à bien voir, ainsi que le soutient Munk, s'il n'a perdu que ses images visuelles antérieures, de sorte que les objets qu'il voit ne sont plus pour lui que des formes sans signification, pourquoi se frotte-t-il les yeux? Les singes ont-ils l'habitude de se frotter les yeux, comme nous nous pressons le front pour rappeler nos souvenirs? — L'épigramme vaut ce qu'elle vaut. On ne peut malheureusement attacher plus de prix à l'argument suivant : Pour que le singe, après l'ablation d'une sphère visuelle, se trouvât, pour l'œil opposé à la lésion, dans la situation d'un animal nouveau-né qui doit apprendre à voir, il faudrait admettre qu'il possède une double conscience et de nature hétérogène; alors on comprendrait que l'hémisphère indemne, avec son trésor intact d'images mentales, ne pût suppléer cependant l'hémisphère lésé. Mais on sait que, chez les mammifères, chaque œil est en rapport avec les deux hémisphères.

Je répondrai à Goltz : Qui soutient le contraire? Munk moins que personne, à coup sûr. Le phénomène de la cécité psychique dont 'l parle ici, phénomène consécutif à l'ablation d'une sphère visuelle, n'apparaît que sur les deux moitiés homonymes des deux rétines qui avaient leur centre dans le lobe occipital de l'hémisphère enlevé. Les deux autres moitiés des deux rétines demeurent indemnes et fonctionnent normalement, aussi longtemps que leur centre cortical subsiste intact dans l'hémisphère non opéré. L'hémisphère sain supplée alors l'hémisphère mutilé, sans le moindre changement dans la vie psychique, dans la conscience de l'animal. Ce n'est qu'après l'ablation des deux sphères visuelles, qu'il doit apprendre à voir comme un animal nouveau-né qui ignore la nature et l'usage des objets qu'il regarde.

On rencontre pourtant chez Goltz une bonne exposition des doctrines de quelques physiologistes contemporains, de Luciani, par exemple, et surtout de Munk. On peut citer à cet égard les pages où il prétend démontrer, en s'appuyant sur ses propres expériences et sur celles de son jeune disciple, Jacques Loeb, qu'il n'existe point de rapport ni anatomique ni physiologique entre les deux rétines et les sphères visuelles de Munk. D'après le professeur de Berlin, en effet, chaque cellule nerveuse d'une sphère visuelle serait en rapport, au moyen des fibres du nerf optique, avec un ou plusieurs éléments sensibles des parties de la rétine avec lesquelles il est ainsi relié (1). En d'autres termes, chaque élément rétinien du point de la vision distincte, ou tache jaune, se trouve coordonné à des éléments corticaux correspondants de la sphère visuelle. Enlève-t-on une partie quelconque, latérale ou médiane, d'une sphère visuelle, la partie correspondante de la rétine subit une altération fonctionnelle. Ainsi, par l'ablation de la partie latérale d'une sphère visuelle, la partie latérale de la rétine du même côté (faisceau optique direct) devient aveugle, l'œil du côté opposé étant tout à fait normal ; si l'ablation porte sur la partie médiane de la sphère visuelle, c'est la partie médiane de la rétine du côté opposé

(1) IIIe Communication (15 mars 1878), p. 28 et suiv., Ve commun. (juillet 1878), p. 76 et suiv., VIe commun. (3 juin 1880), p. 96 et suiv., et VIIe commun. (2 juillet 1880), p. 121 et suiv., du recueil de ces mémoires de Munk : *Ueber die Functionen der Grosshirnrinde.*

(faisceau croisé) qui est frappée de cécité. De même pour la partie antérieure de la sphère visuelle et pour la moitié supérieure de la rétine. A l'état normal, les images visuelles, résidus des perceptions du sens de la vue, se déposent concentriquement à partir du centre de chaque sphère visuelle, reliée à la *macula lutea* par les faisceaux optiques. La destruction de ces centres efface donc toutes les images commémoratives des perceptions visuelles qui s'y étaient successivement déposées depuis que l'animal avait commencé à voir. Il en résulte que, si les deux sphères visuelles ont été enlevées, l'animal ne reconnaissant plus rien autour de lui, pas plus les autres chiens que les vases où sont ses aliments, paraît d'abord complètement aveugle.

Mais il n'en est rien : chaque sphère visuelle n'occupait en réalité qu'une partie minime des territoires corticaux affectés à la vision mentale, — une oasis au milieu d'un vaste désert, comme s'exprime Goltz. Sans doute, du fait de l'ablation des sphères visuelles qui correspondaient aux deux taches jaunes, l'animal conservera une lacune permanente dans son champ visuel, un second *punctum decum* expérimental, lacune qu'il parviendra à combler (psychologiquement, non anatomiquement) par l'exercice, ainsi qu'il est arrivé pour la tache aveugle normale. A défaut de vision centrale, il ne verra plus désormais que ce qui viendra se peindre sur les parties latérales de sa rétine; mais ces impressions n'en seront pas moins perçues par les régions excentriques des sphères visuelles qui peu à peu s'empliront d'images, si bien que l'animal réapprendra à voir d'une façon consciente comme s'il entrait dans la vie, — avec cette différence toutefois que l'état des autres sens, du toucher, de l'odorat, etc., qui n'ont subi aucune lésion, accélère cette rénovation du sens de la vue. Un aveugle-né, auquel la faculté de voir serait tout à coup donnée par une opération, ne comprendrait que peu à peu, en s'aidant du toucher, la nature et l'usage de ce qu'il verrait. Il en est ainsi pour le chien qui a subi l'ablation des deux sphères visuelles de l'écorce cérébrale. Le fouet qu'il reconnaissait trop bien, il le regarde d'abord sans le reconnaître, puis, dès qu'il l'a senti sur son dos, il recommence à manifester de la crainte à sa vue. L'ancienne image du fouet, associée à son cortège de souvenirs, avait été abolie par l'opération; elle a de nouveau apparu sur un autre point de la sphère visuelle, dans une région qui jusqu'alors était restée au moins virtuellement, sinon peut-être absolument stérile.

Mais la théorie de la cécité psychique de Munck veut être poussée plus loin; elle a des finesses de psychologie et des subtilités d'analyse qui n'ont point manqué d'exercer la verve de Goltz et de ses élèves. S'il n'y a point de physique sans métaphysique, peut-il exister une physiologie sans métaphysiologie? Munk suppose, on le sait, qu'au centre de chaque sphère visuelle corticale, au point désigné dans ses schémas par A¹, coexistent deux sortes d'éléments anatomiques différents : 1° des éléments perceptifs (*Wahrnehmungselemente*); et 2° des éléments servant à la représentation idéale (*Vorstellungselemente*) et à la conservation, sous forme de résidus, d'images ou d'idées commémoratives (*Erinnerungsbilder*), des perceptions (1). Or les éléments perceptifs, terminaison centrale de l'opticus, correspondent aux éléments rétiniens de la tache jaune par l'intermédiaire des faisceaux de l'opticus et des ganglions encéphaliques intercalaires — corps genouillés externes, tubercules quadrijumeaux antérieurs, pulvinar de la couche optique, radiations optiques de Gratiolet, — de sorte que les excitations des éléments rétiniens se propagent aux éléments corticaux de la perception et, par ceux-ci, aux éléments de l'idéation.

Tandis qu'après chaque excitation, les deux premières sortes d'éléments (rétiniens et perceptifs) reviennent à leur état d'équilibre antérieur, une modification durable — qui n'est que l'exagération d'une fonction générale de la matière organisée (2), la mémoire, — affecte les éléments de l'idéation : aussi toute excitation nouvelle, d'une durée et d'une intensité suffisantes, de ces éléments, fait-elle ressusciter l'image commémorative dont ils sont le substratum organique. Un élément perceptif de l'écorce sert, comme un élément rétinien, à d'innombrables perceptions de la vue; chaque élément ou groupe d'éléments de l'idéation ne sert qu'à une seule image ou n'entre dans l'association que d'un groupe d'images limité, dont le siège est localisé au point A¹ d'une sphère visuelle, sphère dont l'amplitude croît avec le nombre des expériences et l'étendue du sens de la vue. Le réveil fonctionnel de l'image visuelle, sous l'influence d'une excitation d'origine périphé-

(1) Munk, *Ueber die Functionen der Grosshirnrinde*, p. 109.
(2) Cf. Ew. Hering. *Ueber das Gedaechtniss als eine allgemeine Function der organisirten Materie*, 1870, p. 11, et Wernicke, *Der aphasische Symptomencomplex* (Breslau, 1874), p. 5.

rique ou centrale, est la *reconnaissance* : l'animal connaît ce qu'il voit parce qu'il le reconnaît. Mais enlève-t-on ou détruit-on le point A¹ d'une sphère visuelle, du même coup l'animal perd les images commémoratives qu'il avait perçues par l'œil du côté opposé pour la plus grande partie, et par l'œil du côté correspondant pour la plus petite partie. Il voit encore avec l'œil du côté opposé au moyen des régions latérales de la rétine et des territoires corticaux de la sphère visuelle qui entouraient le point A¹. Seulement, comme les images des perceptions visuelles antérieures sont perdues, il ne reconnaît plus ce qu'il voit ; il ne connaît donc plus rien de ce qui l'entoure, ni les choses ni les êtres ; il est psychiquement aveugle (*seelenblind*) : il le deviendrait absolument et pour toujours, si les deux sphères visuelles, c'est-à-dire les deux lobes occipitaux, étaient radicalement extirpées.

Cette théorie de Munk, Goltz a commencé par la nier. Comme toujours, il affirme qu'il n'existe aucun territoire spécial, aucun centre circonscrit de l'écorce cérébrale qui serve exclusivement à la vision, ou à quelque autre fonction psychique que ce soit (1). Il parle d'observations insuffisantes et erronées, ce qui ne laisse pas de faire sourire le lecteur attentif, qui sait que la plus éclatante confirmation de la doctrine de Munk sur le siège de la vision mentale viendra précisément de Goltz. En attendant, il commence par établir que les lésions de n'importe quel point du lobe frontal, du lobe pariétal, du lobe temporal, voire du lobe occipital (en dehors du point A¹ de Munk), peuvent produire d'irrécusables troubles de la vision, ce qui n'a pas lieu de surprendre, à coup sûr, ceux qui connaissent les procédés opératoires de Goltz. Après une destruction symétrique des lobes pariétaux, les animaux, dit-il, paraissent aveugles ; bientôt on constate qu'ils voient les objets placés devant eux, les mouvements menaçants de la main ; ils ne voient pourtant pas un doigt qui s'approche lentement de leurs yeux : ils ne ferment les paupières que lorsqu'on touche les cils. Quant au lobe frontal (2), Goltz est ici tout fier de rencontrer un allié dans Hitzig : ce physiologiste a admis, en effet, qu'après des lésions du cerveau antérieur on observe des troubles de la vision (3). Un chien dont le lobe frontal gauche a été enlevé, peut, au moins pour un

(1) IVᵉ *Mém.* Conclus. et *passim*.
(2) Vᵉ *Mém.*, p. 484 et suiv., p. 493.
(3) *Zur Physiologie des Grosshirns.* Archiv f. Psych. XV.

certain temps, dit-il, devenir aveugle de l'œil droit. Goltz a
aussi observé un trouble de la vue unilatéral temporaire,
consécutif à la lésion du centre moteur cortical d'un membre; l'animal voit plus mal du côté opposé à cette lésion; il
ne voit pas un morceau de viande qu'on lui présente de ce
côté; de l'autre côté, il le happe aussitôt. Au dernier congrès
des neurologistes et des aliénistes de Baden-Baden (mai 1886),
Goltz a présenté deux chiens qui prouveraient encore, selon
lui, quant aux impressions de la vue, qu'après des lésions
étendues et profondes du cerveau antérieur, un chien peut
devenir aveugle, alors qu'un animal dont les deux lobes occipitaux ont été enlevés, et partant les deux sphères visuelles,
ne serait pas nécessairement frappé de cécité! Voilà de préten-
dues démonstrations, en particulier la dernière, qu'on n'a
plus guère aujourd'hui le loisir de discuter, et nous allons
dire tout de suite pourquoi.

Comment, d'après Goltz lui-même, se comporte un animal
qui, après avoir subi l'ablation des deux lobes occipitaux, a pu
être observé de longs mois? A la vérité, avant d'entendre sa
réponse, il faudrait commencer par constater que l'ablation
de ces lobes a été complète et qu'aucun fragment des deux
sphères de la vision mentale n'est resté en place. Or c'est là
une opération des plus difficiles, et l'on sait que Goltz ne s'est
jamais piqué d'une grande précision dans ses extirpations
« symétriques » ou unilatérales des lobes cérébraux. Au
troisième congrès de médecine interne (Berlin, avril 1884),
Fritsch a montré sur les coupes mêmes du cerveau d'un chien
présenté par Goltz, qu'à peine les parties enlevées correspondaient au tiers de la masse cérébrale que le professeur de
Strasbourg annonçait avoir extirpée; que l'ablation n'était
pas égale sur les deux hémisphères; que le territoire d'innervation des extrémités postérieures était intact; qu'à gauche
il restait une partie du territoire d'innervation des extrémités
antérieures. M. Mendel prit alors la parole pour rappeler que
les mêmes faits s'étaient déjà produits au congrès interna-
tional de Londres : là aussi il avait été constaté que les régions corticales des parties qui autrement auraient dû être
paralysées, n'avaient pas été complètement enlevées sur les
chiens présentés par Goltz. Que conclure de pareilles
expériences, s'écriait Mendel, et en quoi la doctrine des localisations cérébrales peut-elle en souffrir?

Combien de fois Hitzig, Ferrier, Munk, n'ont-ils pas tenu

à Goltz le langage de Mendel? Combien de fois ne lui ont-ils pas reproché d'employer des méthodes tout à fait incapables de nous renseigner sur les fonctions des différentes régions de l'écorce? A quoi Goltz répondait, avec une bonhomie charmante, que s'il négligeait souvent, en effet, d'indiquer exactement l'étendue et la profondeur des lésions cérébrales, « c'est qu'il n'avait pu encore se persuader que les phénomènes eussent été essentiellement différents, si telle ou telle circonvolution eût été épargnée dans un cas, détruite dans un autre... » Tout ce qu'il concède, c'est que « les troubles étaient d'autant plus considérables que les lésions étaient plus étendues. » D'ailleurs ces dévastations portaient aussi bien sur la zone excitable des auteurs que sur la zone inexcitable ; elles n'étaient pas toujours limitées à la couche superficielle du cerveau ; les corps striés et les couches optiques, nous le répétons, étaient maintes fois intéressés (1). Depuis, Goltz a souvent déclaré qu'il apporterait désormais la même précision que ses adversaires dans les opérations ; il a réformé ses méthodes et changé plusieurs fois ses procédés de vivisection. Ce qui lui est arrivé au troisième congrès allemand de médecine interne, montre pourtant qu'en lui le vieil homme n'est pas tout à fait mort, et qu'il lui reste encore beaucoup à faire pour devenir un vivisecteur de la force de Flourens. Quant aux difficultés toutes spéciales que présente l'ablation radicale des deux sphères visuelles des lobes occipitaux, — condition d'une cécité corticale durable et définitive, — il nous suffira de dire que Munk, qui vient de répéter ses anciennes expériences d'extirpation totale de ces deux organes, n'a, sur quatre-vingt-cinq chiens, réussi complètement que quatre fois (2). Quatre chiens ont seuls survécu et pu être conservés, dans un bon état de santé, de trois à quatorze mois durant.

Ces réserves, qu'il ne faut jamais perdre de vue, devaient être rappelées avant d'exposer les résultats des expériences de Goltz. Nous venons de dire pourquoi ces résultats ne sauraient être tout à fait conformes à ceux de Munk ou de Monakow. Le premier fait qui frappe l'observateur, c'est que les animaux auxquels Goltz a enlevé les deux lobes occipitaux sont d'abord tout à fait aveugles, au moins pendant les

(1) IIe *Mém.*, p. 439.
(2) *Ueber die centralen Organe* etc. Sitzungsb. d. Akad. d. Wiss. 4 et 11 févr. 1886.

premiers jours qui suivent l'opération. Puis Goltz note qu'ils
ne sont plus insensibles aux impressions de la lumière; la
faculté de voir revient peu à peu chez ses chiens. Pourtant,
quelques mois après l'opération, il s'aperçoit qu'un reste de
trouble visuel persiste qui ne disparaît plus. Quelques exemples feront comprendre en quoi consiste « ce reste de trouble
du sens de la vue », admis par Goltz lui-même, et qui ne
peut correspondre, dans sa manière de voir, qu'à une lésion
de déficit, non à un phénomène d'arrêt transitoire.

Dans une chambre remplie de meubles, le chien évite très
bien les obstacles qui se trouvent sur son chemin; il ne se
heurte jamais; il ne court point d'ailleurs; il marche lentement. Mais si on lui bande les yeux, il refuse de marcher; il
fait effort pour se débarrasser de l'emplâtre qu'on lui a mis.
Il se servait donc de ses yeux; il n'était donc plus aveugle,
conclut Goltz. Il ne se détourne pas seulement des obstacles
réels; il évite de même les obstacles imaginaires : une raie
de lumière solaire sur le sol, par exemple. Goltz place par
terre des feuilles de papier blanc de manière à faire une bande
blanche. Quand, dans sa lente démarche, le chien s'en approche, il baisse la tête comme s'il la considérait et se détourne,
longeant le bord de la bande en évitant de passer dessus,
scrupule que ne montrent guère les chiens indemnes (1). Si
l'on place à quelque distance du chien opéré, sur le sol, le
vase en porcelaine blanche dans lequel il mange chaque jour
sa nourriture, l'animal ne paraît pas le voir, car ce n'est que
s'il s'approche par hasard de ce vase que son odorat lui en
révèle le contenu; il s'arrête et il mange. Mais ce qui fait
croire qu'il *voit* cette tasse de porcelaine qu'il *ne reconnaît
pas*, c'est que si l'on place à la file une série de vases blancs
semblables et vides, le chien les évite comme il a évité la
raie de lumière ou la bande de papier blanc.

Et pourtant ce chien n'a pas la moindre notion du fouet ou
du bâton dont on le menace; on peut approcher subitement
de ses yeux une bougie allumée, voire la lumière aveuglante
d'une lampe de magnésium, sans attirer son attention. La
vue de l'homme ou des autres animaux ne fait pas plus
d'effet sur lui. Les pupilles d'ailleurs se contractent bien à la
lumière. Présente-t-on à ce chien, à quelque distance, un

(1) V. dans le dernier Mémoire de Munk (indiqué dans la note pré-
cédente), la réfutation des conséquences que Goltz a tirées de ces expériences, p. 128 et 129.

gros morceau de viande, il regarde en l'air sans fixer cette proie ; il voudrait la happer, mais va cherchant sans rien trouver. Pour qu'il l'aperçoive et la prenne, il faut la lui approcher du nez. Ce chien n'est pas aveugle ; il voit sans ses lobes occipitaux, dit Goltz, « peut-être même voit-il tout à fait bien » : il est seulement hors d'état de reconnaître ce qu'il voit. Il a encore des perceptions visuelles : ce qui lui fait défaut, absolument ou relativement, c'est une élaboration consciente des impressions de la vue pour une action appropriée à quelque fin.

Avec quelle partie de son cerveau ce chien continue-t-il à voir? Ce qui lui reste de cet organe n'est certainement pas, selon Goltz, sans prendre part à la fonction centrale de la vue, puisque les lésions des différents lobes cérébraux, et du lobe frontal en particulier, affecteraient ce sens. Mais Goltz croit (1) que même le mésocéphale et la moelle allongée peuvent, indépendamment du cerveau, réagir et déterminer des actions réflexes sous l'influence des excitations transmises par le nerf optique. Stilling a indiqué, en effet, les voies que suivraient, jusque dans ces régions, les excitations centripètes de l'opticus, lequel ne posséderait pas moins de dix racines cérébrales et spinales (2).

Goltz paraît abonder pleinement dans le sens de cet anatomiste, dont les doctrines à cet égard n'ont guère trouvé d'écho jusqu'ici. Il conclut donc qu'un mammifère sans écorce cérébrale peut encore, comme une grenouille qui a subi la même perte de substance, donner des preuves de la persistance du sens de la vue. Quant aux expériences et observations contraires de Munk, qui établissent que les

(1) V° *Mém.*, p. 494.
(2) V. *Archiv f. Psych.* XI, 274 sq., et *Ueber die centrale Endigung des N. opticus*, in *Arch. f. mikroskop. Anatomie* von La Valette St George et Waldeyer, 1880, p. 468. Outre le pulvinar, les corps genouillés externes et les tubercules quadrijumeaux (les deux paires !), noyaux des trois premières branches de l'opticus, Stilling parle d'une quatrième branche des nerfs optiques, la racine descendante de ce nerf, qui irait directement au pont de Varole et se terminerait dans la moelle épinière ; une cinquième branche se terminerait dans le *corpus Luysii* (Forel), etc. De tous ces centres nerveux en terminaisons centrales de l'opticus, le *corpus Luysii* est peut-être le plus étranger au nerf optique, car Monakow l'a trouvé intact, dans toutes ses expériences sur les animaux et dans les cas pathologiques, au cours de sa vaste enquête sur les rapports des centres corticaux de la vision avec les centres infra-corticaux du nerf optique et le nerf optique lui-même.

mammifères et les oiseaux volent avec leur cerveau postérieur, si bien qu'ils deviennent fatalement aveugles après
l'ablation complète des lobes occipitaux, Goltz déclare n'y
pas attacher la moindre importance, — pour cette raison,
qu'un cas positif a plus de valeur que tous les cas négatifs.
Malheureusement le professeur de Strasbourg est à peu près
le seul à voir des cas positifs dans ceux qu'il cite, tandis que
presque tous les physiologistes contemporains, et avec eux la
plupart des cliniciens, sont convaincus de la vérité des cas
négatifs de Munk.

Voici pourtant un point où Goltz se trouve d'accord avec
Munk : il s'agit de la nature propre du trouble visuel qui suit
l'ablation d'un lobe occipital. Longtemps Goltz n'avait observé qu'une amblyopie complète de l'œil du côté opposé à la
lésion cérébrale : il a reconnu plus tard que le trouble fonctionnel consécutif était bilatéral. C'est Munk, dit-il, qui a
trouvé le premier qu'après la lésion d'un lobe occipital, il se
produit une hémianopsie homonyme bilatérale. Si l'on bouche
l'œil gauche d'un chien dont le lobe occipital gauche a été
enlevé, l'animal ne remarque rien de ce qui se projette dans
la partie gauche du champ visuel de l'œil droit. Quand l'animal est au repos, on peut déterminer, en faisant avancer un
morceau de viande, la limite où a lieu la perception de l'impression rétinienne : cette limite correspond, suivant Goltz
et Loeb, à une ligne qui passerait verticalement par la tache
jaune. L'animal est donc frappé d'un trouble visuel hémilatéral ; il ne perçoit plus, au cas où un lobe occipital a été enlevé,
les objets qui se peignent sur les moitiés homonymes de ses
deux rétines. Seulement le trouble produit sur l'œil du même
côté (faisceau direct) est si peu intense, qu'il peut passer
inaperçu chez le chien (à cause de la divergence des yeux,
plus grande chez le chien que chez l'homme) ; l'homme frappé
d'hémianopsie latérale homonyme n'a pas non plus toujours
conscience, d'ailleurs, du trouble qui existe sur l'œil du même
côté que la lésion (1). Goltz conteste seulement qu'il s'agisse
chez le chien d'une véritable hémianopsie : les suites de
l'ablation des deux lobes occipitaux prouvent assez, à l'en
croire, que les animaux qui ont perdu un lobe occipital ne
peuvent avoir une cécité unilatérale (*halbseitige Blindheit*),
mais seulement un affaiblissement hémilatéral de la vision
(*h. Sehschwaeche*), bref, une hémiamblyopie des deux yeux.

(1) Cf. Mauthner, *Gehirn und Auge*. Wiesb., 1881, p. 369.

De bonne heure, Goltz n'a vu dans les troubles de la vue
qui persistent après une destruction des lobes occipitaux,
qu'un des symptômes d'une obtusion générale de la sensibilité
spéciale, laquelle est toujours liée à une obtusion de l'intelligence (1). Aussi a-t-il abandonné il y a longtemps l'hypothèse
dont nous avons parlé (lésion du sens des couleurs et du sens
de l'espace, vision trouble comme à travers un brouillard),
qui lui avait d'abord paru suffisante pour expliquer chez les
animaux opérés la nature des troubles de la vision. L'animal qui voit un fouet sans que cette idée éveille en lui l'association d'idées ordinaires, — qui voit sans la reconaître la
nourriture qu'on lui présente, — qui reste indifférent à la vue
de l'homme et des animaux, cet animal se comporte tout de
même à l'égard des autres modes de la sensibilité : aucun
bruit ne l'effraye ; il ne répond pas à l'appel de son nom ; il
respire sans déplaisir la fumée du tabac ; il dévore sans aver-
sion la viande de chien, etc.

Cet état d'hébétude des sens et de l'intelligence en général,
et du sens de la vue en particulier, Goltz avait proposé de
l'appeler du nom de « cécité cérébrale » (*Hirnblindheit*), au
lieu de « cécité psychique » (Munk), mot qui ne s'applique
d'ailleurs qu'à une lésion spéciale du sens de la vue. Mais,
comme il n'a jamais observé de cécité complète durable après
des lésions de l'écorce cérébrale (ce qui ne prouve rien, naturellement, contre la réalité de cette cécité, quand l'opération
en a réalisé les conditions nécessaires), Goltz préfère l'expression de faiblesse ou d'*affaiblissement cérébral de la vision*
(*Hirnschschwaeche*). Les animaux qui présentent cet affaiblissement cérébral n'ont pas seulement perdu, comme le veut
Munk, les images commémoratives de leurs perceptions antérieures, ils ont perdu pour toujours la possibilité d'en
acquérir de nouvelles ; du moins cette faculté est-elle très
abaissée, et d'une manière permanente; ils ne savent plus
utiliser les impressions nouvelles de leur vue ni réapprendre
à voir : comme les déments, ils souffrent d'un affaiblissement de la perception des plus accusés. « Dans le livre de
leur mémoire, a écrit Goltz, ce n'est pas seulement l'écri-
ture qui est effacée; le livre lui-même est détruit; il n'en
reste plus que quelques feuillets. » Rabaissé en quelque
sorte à l'intelligence rudimentaire d'animaux très inférieurs

(1) IVᵉ *Mém.*, p. 42.

à leur espèce, ces chiens ne tirent plus parti des impressions de leurs sens que dans des limites très bornées.

On observerait donc simultanément un affaiblissement cérébral, une véritable parésie diffuse, sinon une paralysie complète, des sens de la vue (*Hirnsehschwaeche*), de l'ouïe (*Hirnhœrschwaeche*), de l'odorat (*Hirnriechschwaeche*), du goût (*Hirnschmeckschwaeche*) de la sensibilité générale *(Hirnfuehlschwaeche)* (1). En somme, chez le chien opéré des lobes occipitaux, il s'agirait d'un affaiblissement général de la perception sensorielle *(eine allgemeine Wahrnehmungsschwaeche)*, et non, comme l'enseigne Munk, du seul sens de la vue.

Pour prouver que les chiens dont les lobes occipitaux ont été enlevés ne sont pas aveugles, que le sens de la vue est seulement affaibli et comme frappé, en même temps que tous les autres sens, de parésie fonctionnelle, Goltz les a comparés au chien véritablement aveugle, mais dont le cerveau est intact (ou du moins n'a pas subi de traumatisme expérimental). Ce chien marche lentement, lui aussi, avec précaution, mais il s'oriente admirablement au moyen de l'ouïe, de l'odorat et du toucher. Il vient en droiture vers celui qui l'appelle. Si l'on frappe sur la tasse de porcelaine qui contient sa nourriture, il accourt et la trouve aussitôt. La lui retiret-on pendant qu'il mange, il en suit, en flairant, le mouvement (2).

Tout ce qu'a écrit Goltz à l'occasion de ce trouble visuel, qu'il a le premier exactement décrit chez le chien et désigné par le mot « d'affaiblissement de la vision cérébrale ou mentale », nous paraît très remarquable. Le tableau des symptômes psychiques des traumatismes étendus et profonds du cerveau postérieur, avec les atrophies consécutives, est tracé de main de maître. L'obtusion des sens et de l'intelligence, la débilité mentale, l'affaiblissement des perceptions sensibles, qui ne laissent plus de traces persistantes dans le substratum organique de la conscience, parce que la condition de cet épiphénomène, la substance grise corticale, est détruite dans de vastes régions, et que le reste de l'organe subit à distance l'involution régressive, la dénutrition, la mortification, — tout ce cortège des dégénérescences qui amènent à leur suite la démence est fort bien décrit. Sans doute, la doctrine des

1) IVe *Mém.*, p. 43.
(2) Ve *Mém.*, p. 498.

localisations cérébrales ne peut guère utiliser les résultats de ces expériences : ce n'est pas une raison pour en méconnaître la valeur à un point de vue plus général. L'anatomie, la physiologie expérimentale et l'observation clinique ont trop solidement établi la localisation de la vision mentale dans le lobe occipital pour que le sentiment général varie désormais à cet égard. Goltz a erré *toto cœlo* ; il ne peut plus guère remonter le courant de l'âge, qui nous entraîne tous ; il mourra dans l'impénitence finale. Il n'en a pas moins le droit de répéter ces fières paroles, qu'il écrivait déjà en 1879 : « Quoi que l'avenir décide touchant les questions que nous avons examinées, j'espère que l'on reconnaîtra que mes mémoires renferment un riche matériel de faits nouveaux. J'ai consacré à ces études presque quatre ans de travail ininterrompu (1879). On ne m'en voudra pas si j'exprime le désir que les résultats de mes observations demeurent attachés à mon nom (1). »

C'est, on peut le dire, pour n'avoir pas tiré lui-même toutes les conséquences qui découlaient de ses belles expériences sur « l'affaiblissement cérébral » des sens et de l'intelligence, par le fait de lésions destructives très étendues de l'écorce des lobes occipitaux, que Goltz, croyant produire des arguments décisifs contre les physiologistes qui localisent le centre mental de la vision dans le lobe occipital, a énuméré ainsi ses conclusions négatives, malheureusement erronées « *a* Un animal auquel on a enlevé entièrement l'écorce du lobe occipital ne demeure point aveugle d'une manière permanente ; *b*, un animal qui, outre l'écorce du lobe occipital, a perdu aussi celle du lobe pariétal, présente des troubles visuels plus accusés ; *c*, un chien qui n'a perdu qu'un lobe pariétal présente longtemps, peut-être toujours, des troubles de la vision sur l'œil opposé à la lésion (2). » Bref, il n'existe aucun territoire de l'écorce cérébrale qui serve exclusivement à la vision. — Il est certain qu'après une lésion étendue du cerveau antérieur, outre les troubles de la motilité et de la sensibilité générale, Goltz a observé, comme Hitzig, des troubles de la vision : le chien opéré à gauche n'observe guère les objets qui affectent la moitié droite de son champ visuel ; il heurte quelquefois de la moitié droite de la tête et du corps ; pour qu'il ferme les

(1) IIe *Mém.*, p. 51.
(2) IVe *Mém.*, p. 41.

paupières, il faut que le doigt effleure les cils de son œil droit ; l'œil gauche, au contraire, se ferme dès que le doigt s'approche à une certaine distance. Il y a là certes, non pas comme l'avait cru Goltz jusqu'aux expériences de Loeb, une amblyopie complète de l'œil du côté opposé à la lésion cérébrale, mais une hémianopsie ou, ainsi que s'expriment le maître et le disciple, une hémiamblyopie des deux yeux. Or l'explication de ces troubles de la vision dans les lésions du cerveau antérieur se présente d'elle-même, et dans les termes mêmes du physiologiste qui a peut-être le mieux fait ressortir l'importance des actions à distance, des phénomènes d'arrêt ou d'inhibition, dans les lésions du cerveau et de la moelle épinière, actions dues surtout et à l'irritation inflammatoire de voisinage, et aux modifications inévitables de la circulation dans les parties de l'organe demeurées indemnes.

La meilleure critique des doctrines de Goltz, critique décisive, est certainement celle qu'on tire directement de ses paroles, des protocoles de ses propres expériences, des variations de ses opinions. C'est ce que nous nous sommes souvent borné à faire dans cet examen ; c'est ce que Munk et Hitzig viennent de faire à propos des idées de Goltz sur les organes centraux de la vue. Mais il nous faut parler, avant, d'autres critiques, plus sensibles peut-être au professeur de Strasbourg, car elles viennent d'un de ses élèves, de Jacques Loeb. A la vérité, le disciple n'a pas plus conscience des coups qu'il porte à son maître que celui-ci n'a eu conscience des larges blessures qu'il s'est faites en avançant dans son œuvre. J. Loeb a surtout insisté sur ce point (qu'il a fait adopter par Goltz), que les troubles de la vision, à la suite de la lésion d'un hémisphère cérébral, intéressant toujours les deux yeux, constituent, sinon une hémianopsie, au moins, chez le chien, une hémiamblyopie latérale homonyme. Quant à cette amblyopie elle-même, est-elle un phénomène d'arrêt ou un phénomène de déficit ? Loeb incline nettement à admettre qu'elle dépend surtout de l'inflammation consécutive au traumatisme et du processus cicatriciel de la blessure. Ainsi la restitution de la vue dans l'amblyopie ne résulterait pas de ce fait, admis par Munk, que l'animal parvient peu à peu, par l'exercice, à combler les lacunes de son champ visuel, comme il fait la lacune normale de la tache aveugle. Il n'existerait pas de lacunes dans le champ visuel, donc pas de lésions de déficit : les troubles transitoires de la vision s'amenderaient

en même temps que les phénomènes d'arrêt qui les avaient
déterminés. L'irritation inflammatoire qui suit l'opération
pourrait amener d'ailleurs, suivant Loeb, des troubles fonctionnels durables des centres sous-corticaux de la vision. Il
va même jusqu'à se demander « si l'écorce grise cérébrale
joue un rôle dans les fonctions de la vision ! »

Naturellement, J. Loeb a trouvé, lui aussi, que ces troubles
de la vision apparaissent aussi bien après des lésions des lobes
pariétal, temporel et frontal qu'avec des lésions du lobe occipital. Il finit pourtant par reconnaître, à son tour, qu'après
les lésions du lobe occipital, les troubles de la vision l'empor-
tent en intensité sur ceux des autres fonctions; en d'autres
termes, que la vision est la fonction qui a le plus à souffrir
des mutilations localisées aux lobes postérieurs du cerveau.
C'est ainsi qu'il n'a pu observer de trouble notable de la sensibilité générale ni même de l'ouïe, dans ces lésions, encore
moins cet état général d'obtusion profonde dont parle son
maître. Ses observations ne s'accordent donc pas de tous
points avec celles de Goltz ; il en fait lui-même la remarque (1). En voici l'explication ingénue : les destructions que
Goltz a pratiquées sur le cerveau de ses chiens étaient à la
fois bien plus vastes en surface et en profondeur que les
siennes ; Goltz ne s'est pas borné à détruire l'écorce grise,
comme il l'a fait; Goltz a désorganisé la substance blanche (2)
et atteint quelquefois les ganglions de la base. En outre, Goltz
n'a observé des phénomènes d'affaiblissement général de la
sensibilité et de l'intelligence que chez des animaux qui,
ou avaient été opérés plusieurs fois, ou avaient subi de

(1) *Die Sehstoerungen nach Verletzung der Grosshirnrinde*, p. 112.
(2) La nature et la portée des lésions de la substance blanche sous-
jacente à l'écorce a préoccupé de plus en plus Fr. Goltz, comme presque tous les adversaires, d'ailleurs, des localisations cérébrales. Nous
ne savons, dit Goltz, après une vivisection, quels troubles doivent
être attribués aux lésions de la substance blanche, toujours intéressée,
quels aux lésions de la substance grise. Si les lésions des régions
postérieures du cerveau déterminent surtout des troubles graves de
la vision, la raison en serait, non dans la fonction physiologique de
l'écorce des lobes occipitaux, mais dans la présence des faisceaux de
l'opticus qui s'irradient en cette région, et qui s'y rencontrent naturellement en beaucoup plus grand nombre que dans les lobes antérieurs
du cerveau. A l'appui de cette hypothèse étrange, Goltz cite une
expérience de J. Loeb qui prouve, selon lui, qu'une lésion de ces
faisceaux peut provoquer à elle seule des troubles fonctionnels de la
vision comme les lésions de la substance grise.

grandes pertes de substance sur les deux hémisphères, et dont les hémianopsies étaient devenues persistantes sur les deux yeux. Mais, si l'on ne lèse qu'une moitié du cerveau, l'œil du côté correspondant n'est jamais affecté d'affaiblissement de la vision mentale. Les trois quarts du champ visuel sont atteints sur l'œil du côté opposé, un quart seulement sur l'autre œil. Aussi le chien qui n'a subi qu'une seule opération peut-il compenser, par les mouvements de sa tête, les défauts transitoires de son champ visuel. Il ne le peut si, comme dans les expériences de Goltz, où les chiens subissent des pertes de substance considérables, il est devenu dément. S'il évite machinalement les obstacles placés sur son chemin, il n'est plus attentif à la forme et à la nature des excitations de sa rétine. Dément, il l'est, et à un très haut degré.

C'est donc bien de la démence (*Bloedsinn, dementia*) qu'il s'agit, en réalité, dans cet affaiblissement de la vision mentale et de toutes les autres perceptions et images sensorielles signalées par Goltz (1). S'il en est ainsi, et c'est là ce que nous avons laissé entrevoir dans tout le cours de cette étude, il est clair que les expériences de Goltz n'ont aucune valeur pour ou contre la doctrine moderne des localisations cérébrales. Une critique aussi radicale ne pouvait être formulée que par un disciple du maître. Elle nous paraît fondée. Mais on va voir que Hitzig et Munk ont su découvrir, dans l'œuvre de Goltz, des résultats positifs, d'autant plus précieux qu'ils venaient d'un adversaire, en faveur de la doctrine qu'ils professent.

Dès 1876, Hitzig écrivait que la voie dans laquelle Goltz s'engageait ne le conduirait pas au but en droiture, qu'il avait pris un chemin détourné. Et en effet, si Goltz est arrivé si tard, sans le savoir lui-même et par la force des choses, au point d'où Hitzig est parti en 1870, où Munk et tant d'autres l'ont précédé, c'est aux innombrables détours de sa route, lente et sinueuse, qu'il le faut attribuer. Goltz avait commencé par soutenir que, quel que soit le point de l'écorce sur lequel porte la lésion expérimentale, sur les lobes antérieurs ou sur les lobes postérieurs du cerveau, le caractère des troubles consécutifs demeure le même. « Les animaux dont la lésion, comme on le constate à l'autopsie, a été limitée aux lobes occipitaux, partant à la zone inexcitable, ont présenté absolument les mêmes phénomènes que ceux chez lesquels la

---

(1) J. Loeb, *Die Sehstoerungen*, etc., p. 161 162, 165-167.

lésion avait porté sur le territoire antérieur de la zone excitable (1). « Dès le quatrième Mémoire (Conclusion V), il
admet que « les lésions des régions antérieures du cerveau déterminent des phénomènes de déficit qui, à certains égards, se
distinguent de ceux qui se montrent après la destruction des
régions postérieures. » Dans le cinquième Mémoire (1884. *Remarques finales*), il déclare très haut qu'il n'a jamais dit ni
écrit que la substance cérébrale est partout fonctionnellement
homogène. Il ne répugne pas du tout à l'idée de l'hétérogénéité
fonctionnelle de cette substance. Et il laisse entrevoir comment on pourra arriver à déterminer les fonctions cérébrales
d'un territoire cortical : il suffira de distinguer avec soin ce
qu'il a appelé les phénomènes de déficit permanents des
phénomènes d'arrêt transitoires.

Il insiste plus qu'il ne l'avait fait sur la diversité absolue des
symptômes, selon que les animaux ont subi une destruction du
cerveau antérieur ou du cerveau postérieur : les premiers présentent des phénomènes de paralysie motrice et d'anesthésie
sensitive (lourdeur et embarras des mouvements, émoussement
de la sensibilité générale), mais aucun trouble prononcé des
sens spéciaux; les seconds, au contraire, des troubles de perception sensorielle, un affaiblissement extraordinaire de tous
les sens spéciaux, surtout de la vue, sans altération de la motilité ni de la sensibilité générale. Il en conclut qu'à cet égard
aucun doute n'est possible : un chien privé des lobes occipitaux diffère d'une façon permanente, et par des caractères
essentiels, d'un chien dont les lobes antérieurs du cerveau ont
été enlevés. Bref, « les lobes du cerveau n'ont point la même
fonction. » Il y a des territoires corticaux dont les lésions sont
toujours suivies de paralysies transitoires chez les chiens, de
paralysies durables chez l'homme, avec altération de la sensibilité générale; il y en a d'autres, tels que ceux du lobe
frontal ou du lobe occipital, dont les lésions ne sont pas
suivies de troubles de la motilité ni de la sensibilité générale.
En un mot, et c'est là un fait d'expérience qui a fini par s'im-
poser à Goltz lui-même, les troubles de la vue, de l'ouïe, de
l'odorat et du goût n'accompagnent pas nécessairement les
lésions du cerveau antérieur, dont les troubles de la motilité
et de la sensibilité générale demeurent les symptômes essentiels, tandis que les altérations fonctionnelles des sens spé-

(1) Ier Mém., p. 38.

ciaux, et en particulier du sens de la vue, apparaissent d'ordinaire avec les lésions destructives des lobes occipitaux.

Je répète que ces thèses, quoi qu'en puisse penser Fr. Goltz, sont au fond d'accord avec tout ce qu'enseigne la doctrine moderne des localisations cérébrales, et Munk ne s'y est pas trompé, dans le dernier Mémoire qu'il vient de présenter *Sur les organes centraux de la vision et de l'ouïe*, etc., à l'Académie des sciences de Berlin (février (1886) (1). En 1881, Goltz déclarait qu'il n'avait pu découvrir un atome de vérité dans les doctrines de Munk sur les fonctions du cerveau. Mais depuis, nous venons de le montrer, il a reconnu qu'un « chien qui a perdu les lobes occipitaux diffère d'une façon permanente, et par des caractères essentiels, d'un chien dont une portion considérable du cerveau antérieur a été enlevée (2); » que le « cerveau postérieur a des rapports plus étroits avec les sens spéciaux que le cerveau antérieur » (3); qu' « après une lésion du lobe occipital, on observe de l'hémiamblyopie », etc. En 1881, Goltz avait soutenu que toute la sphère visuelle de Munk peut être extirpée sans que l'animal devienne aveugle; mais les figures qui accompagnaient le texte laissaient assez paraître que la sphère visuelle n'avait pas été complètement enlevée, et que, si les chiens opérés, en dépit de troubles considérables de la vision, n'étaient pas aveugles, on devait y voir une confirmation plutôt qu'une réfutation des expériences de Munk.

Les chiens opérés par Goltz voyaient encore, par l'excellente raison que les centres corticaux de la vision n'avaient pas été radicalement extirpés! Inutile d'insister; nous avons déjà rapporté les témoignages de Fritsh et de Mendel sur le même sujet, dans les divers congrès scientifiques où Goltz a coutume de présenter ses chiens. Les quatre chiens que Munk a seuls pu conserver vivants et en bon état, sur quatre-vingt-cinq, après l'extirpation totale des sphères visuelles, sont tout à fait

(1) Le plus récent article dans lequel Hitzig, rappelant les variations de Goltz, esquisse en quelque sorte l'histoire de ce converti sans le savoir, a paru dans le *Neurologisches Centralblatt* du 1er avril 1886. Mais quelques jours après, en mai, au Congrès des neurologistes et aliénistes allemands de Baden-Baden (22 et 23 mai 1886), Goltz, impénitent, retombait dans ses anciennes erreurs. Il est bien inutile désormais de les réfuter, surtout après Goltz lui-même, qui est et demeure le meilleur critique de ses doctrines physiologiques.

(2) Ve *Mém.*, p. 503.

(3) Ibid., p. 480, 488.

aveugles, mais ils ne présentent aucun affaiblissement de la sensibilité générale ou spéciale, en dehors du sens de la vue. Ni l'ouïe, ni l'odorat, ni le goût, ni la sensibilité générale ne sont altérés. Si, au lieu de dévastations considérables de lobes et d'hémisphères cérébraux, Goltz avait limité ses lésions à des régions définies de l'écorce, il se serait rencontré plus tôt avec les résultats généralement acquis et acceptés : il a pu s'en apercevoir du jour où il a commencé une étude méthodique des fonctions du cerveau antérieur et du cerveau postérieur, qu'il a déclarés lui-même fonctionnellement hétérogènes.

L'ouïe. — Dès ses premières expériences sur le cerveau des chiens (1876), Goltz nota, après des destructions étendues de l'écorce, des troubles de l'audition. Longtemps, avec ironie, il demanda qu'on lui indiquât « où trônait le centre de l'audition mentale » (1877). De profondes destructions *latérales* du cerveau furent pourtant accompagnées d'altérations de l'ouïe. Mais Goltz ne fut frappé des troubles de cette fonction, d'ailleurs difficiles à constater chez les animaux (D. Ferrier), que lorsqu'il entreprit ses ablations méthodiques du cerveau antérieur et des lobes occipitaux. Il parle toujours, on le sait, d'un affaiblissement général des perceptions sensorielles, et par conséquent de l'audition, dans les lésions destructives du cerveau postérieur, observation tout à fait d'accord avec ce qu'on sait (Ferrier, Wernicke, Kussmaul, Munk) de la localisation du siège central de l'ouïe dans le « cerveau temporo-occipital », comme s'exprimait Wernicke, dans la « zone sphéno-temporo-occipitale », comme écrit Flechsig (1).

Dans l'un de ses derniers articles, critiquant à son ordinaire toute tentative de circonscrire une sphère de l'ouïe (*Hoersphaere*), Goltz convient pourtant qu'on ne peut nier qu'une lésion du lobe temporal n'altère l'audition mentale, c'est-à-dire le souvenir et la conscience que nous avons des images auditives nées des perceptions de l'ouïe. Mais il a toujours vu alors, — après une large destruction du lobe temporal — ce phénomène morbide escorté d'autres altérations des sens, par exemple de troubles de la vision mentale. D'autre part, il a observé des troubles de l'audition consécutivement à des lé-

(1) C. Wernicke, *Der aphasische Symptomencomplex. Eine psychologische Studie auf anatomischer Basis*. Breslau, 1874. « Das Hinterhaupts-Schlaefehirn », p. 9 et *passim*. — P. Flechsig, *Plan des menschlichen Gehirns*, Leipz., 1883, p. 37.

sions étendues du lobe occipital, le lobe temporal étant
indemne. Le chien paraît avoir perdu l'intelligence des perceptions auditives, comme il a d'ailleurs perdu en partie celle
des perceptions des autres sens. Stupide et indifférent, il entend sans comprendre. Goltz rappelle à ce propos des faits
semblables observés chez l'homme atteint de surdité verbale :
le sujet entend le son des paroles ; il n'en comprend plus le
sens. « Cela est exact, ajoute-t-il, mais *je suis convaincu* que,
chez l'homme comme chez les animaux, la surdité peut être
observée sans lésion du lobe temporal. » Enfin, après une
destruction bilatérale du lobe pariétal, Goltz a encore observé
des troubles transitoires du sens de l'ouïe : un bruit mena-
çant, le claquement d'un fouet, ne fait plus prendre la fuite à
l'animal, mais la surprise et l'inquiétude qu'il éprouve feraient
assez connaître qu'il comprend encore la signification du
bruit entendu. A un appel amical, il accourt en remuant la
queue de contentement.

Voilà tout ce qui dans l'œuvre de Goltz que nous examinons,
a trait à l'audition mentale. On voit combien le professeur de
Strasbourg est à cet égard demeuré en arrière de ses émules
de Londres et de Berlin. Les pages de Ferrier et surtout
celles de Munk sur ce sujet, quelque peu nombreuses, sont les
meilleures qu'il y ait dans la physiologie expérimentale des
fonctions centrales du sens de l'ouïe (1). De la surdité
psychique et de la surdité corticale, qui reposent aujourd'hui
sur des données anatomiques bien établies, pas un mot chez
Goltz (si ce n'est quelques paroles sur la surdité verbale). Il
va sans dire qu'il a dédaigné les pathologistes, Wernicke,
Kussmaul, Kalher et Pick (2), etc.; il semble n'avoir accordé
qu'une médiocre attention, s'il en a accordé quelqu'une, aux
admirables expériences de Monakow (3) ; naturellement il n'a

_____

(1) D. Ferrier, *Les Fonctions du cerveau*, ch. IX, section 1re. — H.
Munk, *Ueber die Functionen der Grosshirnrinde*, p. 12, 13, 22, 40, etc.
(2) *Beitraege zur Pathologie und pathologischen Anatomie des Cen-
tralnervensystems.* Leipz., 1879. V. Ibid. : *Beitrag zur Lehre von der
Localisation der Hirnfunctionen,* où les auteurs confirment la localisation, admise par Wernicke, des images acoustiques dans le lobe
temporal. *Ein Fall von Worttaubheit,* p. 24. — *Casuistische Nach-
traege :* b. *Zur Localisation der Worttaubheit,* 182. Cf. Schaefer, *Ein
Fall von Herdenkrankung im Schläfenlappen* (Centralblatt f. Nerven-
heilkunde, 1881).
(3) V. plus haut l'indication des Mémoires de Monakow sur la
vision et l'audition centrales, et, dans les *Archives de psychiatrie,* 1882 :

pu connaître le travail d'Onufrowicz (1), inspiré par Forel, ni
tout le beau mouvement actuel des études des anatomistes,
de Baginsky (2) notamment, sur l'origine et le parcours intracéphalique du nerf acoustique : ces études, en montrant la
terminaison ultime du nerf auditif proprement dit dans le
lobe temporal, sont une nouvelle et éclatante confirmation
des doctrines de Ferrier, de Wernicke et de Munk sur la localisation des fonctions de l'audition mentale dans ce lobe.
Elles permettent déjà d'instituer un parallèle frappant entre
l'origine centrale, le parcours intracérébral et les rapports
avec les corps genouillés et les tubercules quadrijumaux des
nerfs optiques et acoustiques.

L'ODORAT ET LE GOUT. — C'est un fait d'expérience bien
connu, et que Goltz a constaté comme tout le monde, que
les animaux atteints de cécité psychique ou de cécité corticale
par lésions destructives du cerveau postérieur, trouvent au
moyen de l'odorat les aliments qu'ils ne voient plus, et dis-
cernent au moyen de ce sens l'homme et les divers animaux,
chiens, lapins, etc. Goltz, qui n'admet théoriquement l'existence dans l'écorce cérébrale d'aucun centre spécial des divers
modes de la sensibilité, n'a pas même essayé de renverser les
doctrines reçues sur la localisation cérébrale des fonctions
de l'odorat dans la région du subiculum cornu Ammonis
(Ferrier) ou dans la circonvolution de l'hippocampe (Munk (3),
localisations bien antérieures aux doctrines actuelles, et qui
datent du jour où les anatomistes ont constaté les rapports
de développement existant entre le bulbe olfactif, si déve-
loppé chez les mammifères inférieurs dont l'odorat est puis-
sant, et la terminaison unciforme du lobe temporal ou la circonvolution de l'hippocampe. Cette localisation, qui n'a pas
encore, il est vrai, été l'objet de nombreuses expériences et
d'études bien approfondies, paraît à Goltz au-dessous de sa

*Experiment. Beitrag zur Kenntniss des Corp. restif, des aeusseren
Akusticuskern,* etc.

(1) *Experimenteller Beitrag zur Kenntniss des Ursprungs des Nervus
acusticus des Kaninchens.* Arch. f. Psych., XVI vol., p, 711 e
suiv.

(2) *Ueber den Ursprung und den centralen Verlauf des Nervus acusticus des Kaninchens.* In : *Sitzungsberichte der Koen. preuss. Akade-
mie der Wissensch. zu Berlin,* 25 février 1886.

(3) *Ueber die Funct. der Grosshirnrinde,* p. 73, 126 et suiv. —
Riechsphaere et *Schmecksphaere.*

critique. Il a pourtant noté, nous n'avons garde de l'oublier, qu'après une lésion destructive des lobes postérieurs du cerveau, l'olfaction et le goût sont altérés avec les autres sens spéciaux.

V. — L'Intelligence

Ce chapitre, qui sera peut-être un jour le plus étendu de la science, n'est encore qu'un simple titre, titre d'un grand livre dont les feuillets sont vierges, sorte d'en-tête magnifique bien fait pour éveiller les longs espoirs et les vastes pensées, mais gros d'illusions, et sans doute de déceptions finales.

Toutes les théories actuelles de l'intelligence sont prématurées ; elles sont nées avant que l'on connût les faits d'anatomie et de physiologie qui doivent servir de fondement à ces constructions idéales de l'esprit. Ce qu'un physiologiste français, des plus célèbres, répète volontiers à propos de presque toutes les questions de sa science : — Qu'il nous faut « rejeter comme absolument faux tout ce que nous avons appris » (1), et recommencer notre instruction, — me paraît vrai surtout de l'intelligence considérée dans ses organes et dans ses fonctions. Ce n'est pas que l'immense labeur accumulé en cette province de la connaissance soit perdu ; les bonnes observations, les expériences exactes conservent toute leur valeur : elles entreront, comme des matériaux, dans la future construction. Mais celle-ci ne ressemblera guère à toutes celles qui l'ont précédée. Savoir oublier est d'ailleurs une qualité presque aussi précieuse pour le savant que savoir apprendre.

« Je considère comme le résultat le plus important de mes recherches, a écrit Goltz (2), la démonstration que l'écorce du cerveau est, dans toutes ses parties, l'organe des fonctions psychiques supérieures, de celles en particulier qui pour nous constituent l'intelligence... Par intelligence, j'entends la faculté d'élaborer avec réflexion les perceptions des sens en vue d'actions appropriées à une fin. Je ne sais si les philosophes seront satisfaits de cette définition ; elle suffit au physiologiste. » Dès ses premières recherches expérimentales, Goltz a été frappé du changement considérable que présen-

(1) Brown-Séquard. *Doctrines relatives aux principales actions des centres nerveux.* Paris, 1879, p. 6.
(2) III⁰ *Mém. Remarques finales.*

tent, dans leur aspect et dans leurs actions, les animaux dont
les hémisphères cérébraux ont subi des pertes de substance
étendues (à partir de 4 grammes et au-dessus) : ils lui fai-
saient l'effet d'imbéciles, d'idiots ou de déments. « Tout
chien dont les deux hémisphères cérébraux ont été détruits
en grande partie, dit Goltz, a une lésion permanente de l'intelligence (1). » Au contraire, après l'ablation de la plus
grande partie de l'écorce grise d'un seul hémisphère, l'intelligence demeure à peu près normale. Ce fait, Goltz l'explique
comme Flourens : l'hémisphère cérébral conservé supplée les
fonctions de l'hémisphère enlevé. L'unique symptôme est
une sorte de fatigue plus rapide de l'organe.

On sait que Goltz voit dans l'état d'affaiblissement intellectuel où tombe un animal dont les deux hémisphères sont en
grande partie détruits, l'explication des perturbations du mouvement volontaire et des altérations de la sensibilité générale
et spéciale. Il a bien décrit ces symptômes; mais il a mal rai-
sonné : de faits admirablement décrits, il a tiré des conclusions erronées. La lourdeur et l'adaptation défectueuse des
mouvements allaient nécessairement de compagnie avec
l'expression stupide des yeux et la perte des instincts (2). Dans
la lutte pour l'existence, de pareils animaux sont vaincus
d'avance. Goltz a vu les instincts maternels subsister, ainsi
que les instincts sexuels, quoique l'animal n'ait plus la force
de satisfaire ces derniers. La haine que certains chiens se
portent persiste aussi, de même que leur attachement pour
l'homme, surtout pour celui qui les nourrit. Il va de soi qu'ils
ne peuvent plus rien apprendre; il ne sont plus de garde non
plus. C'est que les impressions des sens ne sont plus perçues,
associées, conservées à l'état d'images sensitives, sensorielles
ou motrices, de symboles mentaux des phénomènes du
monde extérieur. Ce qu'on nomme la mémoire, l'attention,
le jugement, diminuent naturellement en raison directe des
pertes de substance cérébrale. Un des chiens de Goltz avait
souvent reçu de la nourriture dans la maison du garçon de
laboratoire; lorsqu'il se trouvait sur le chemin de cette habi-
tation, il y courait avec empressement. Après la destruction
de ses deux hémisphères cérébraux, on eut beau le mettre

(1) IIIᵉ Mém. p. 39. Cf. D. R., IV.
(2) IIᵉ Mém. § IV. Des instincts des animaux après la destruction
des deux hémisphères du cerveau.

sur la même route; il ne retourna plus gratter à la porte de l'employé : il avait oublié jusqu'à ses sensations agréables d'antan.

Est-ce à dire que l'on puisse léser directement l'intelligence par la destruction d'une région déterminée de l'écorce? Il faudrait pour cela qu'elle y occupât un siège spécial, une aire délimitée, une sphère, un centre, comme la vision ou l'audition mentale, comme les mouvements volontaires, etc., dans la doctrine moderne des localisateurs. Mais c'est ce que ceux-ci ou n'ont jamais soutenu ou ne soutiennent plus guère. Parler d'un « centre intellectuel », comme on parle d'un centre sensoriel ou d'un centre moteur, me semble une survivance fâcheuse des traditions psychologiques de l'Ecole. En France, les médecins parlent encore couramment de « l'intelligence » (1) comme on parlait de la mémoire avant Gall, car c'est ce grand anatomiste qui a le premier posé, comme un postulat physiologique, la pluralité des mémoires. Il n'existe donc pas plus de « centre de l'intelligence » que de centre de la mémoire en général. Comme la mémoire, l'intelligence, à ses divers degrés, est une propriété générale de la matière organisée, vivante, en voie de rénovation moléculaire. Elle ne nous apparaît comme liée à certains organes que parce qu'elle s'y manifeste avec une intensité particulière. Mais l'amphioxus, pour n'avoir point de cerveau, n'en possède pas moins une vie psychique consciente (Meynert). Le système nerveux n'étant qu'un appareil de perfectionnement, l'effet d'une différenciation histologique indéfiniment progressive, le résultat séculaire d'une division du travail biologique poussée très loin, il n'y a rien dans ses fonctions, même les plus élevées, dans le génie, par exemple, qui ne soit réductible par l'analyse aux propriétés élémentaires de tout protoplasma. Il en est donc de l'intelligence comme de la mémoire, de la volonté, de la conscience : en soi, ce sont des abstractions; par conséquent elles ne sauraient être localisées dans une région quelconque de l'encéphale.

A cette question : « Où est le siège de l'intelligence? » Munk a répondu : « L'intelligence a son siège partout dans l'écorce cérébrale et nulle part en particulier; elle est la somme, en effet, et la résultante de toutes les images ou

(1) V., par exemple, dans la récente thèse d'agrégation de médecine (mars 1886) de M. G. Ballet, sur *le Langage intérieur et les diverses formes de l'aphasie*, le ch. xi en particulier.

représentations issues des perceptions des sens. Toute lésion de l'écorce du cerveau altère l'intelligence d'autant plus profondément que la lésion est plus étendue, et cela par la perte des images ou représentations simples et complexes dont le point lésé était le foyer. Le trouble intellectuel sera définitif : 1° si les éléments perceptifs sont détruits; 2° s'il ne reste plus de substance qui puisse redevenir le siège des notions perdues. La cécité, la surdité, la paralysie, psychiques, complètes ou incomplètes, entraînent, chacune pour son compte, un rétrécissement du champ de l'intelligence; et plus elles s'ajoutent les unes aux autres, plus elles diminuent l'étendue de l'intelligence, et plus elles resserrent, la perception étant conservée, le cercle des notions persistantes, en mettant obstacle à la formation de nouvelles idées, si bien que, tôt ou tard, l'animal nous paraît frappé d'imbécillité, dément... (1). » Pour réaliser expérimentalement ces troubles dépressifs de l'intelligence, Munk témoigne ne pas connaître de méthode meilleure que celle de Goltz.

Il importe de rapprocher de cette page magistrale de Munk, destinée à devenir classique, une autre page de Hitzig, d'une portée également considérable, car, dirigée contre Munk, elle peut être considérée à la fois comme une sorte de testament de l'ancienne psychologie et comme l'annonce d'une ère nouvelle en ces études. On y distingue très nettement la transition des idées anciennes aux idées nouvelles. Hitzig a été vraiment le précurseur de Munk : « J'admets encore aujourd'hui (1884), dit Hitzig, ce que j'admettais déjà en 1870, lorsque je disais, sous forme hypothétique, que les centres corticaux par moi découverts ne sont que des centres (Sammelplaetze); j'étends aujourd'hui cette théorie aux autres centres découverts depuis. Je représente en outre l'opinion, souvent exprimée, que des lésions profondes ou très étendues intéressant le mécanisme central, rompent nécessairement une multitude de faisceaux reliant les différentes régions particulières du cerveau, et doivent par conséquent produire des symptômes susceptibles d'un amendement relativement rapide. C'est à cette catégorie qu'appartiennent les troubles transitoires de la vision que l'on voit apparaître après des lésions profondes intéressant différentes régions des hémisphères.

(1) *Ueber die Functionen der Grosshirnrinde*, p. 73 et 74.

« Mais je fais front contre l'opinion de Munk touchant la nature des fonctions intellectuelles supérieures et celle de leur rapport avec le substratum matériel. D'après Munk, en effet, il n'existe pas d'organes spéciaux pour ces fonctions, et ils ne sont pas nécessaires. Je crois avec lui que l'intelligence, — disons mieux, le trésor des idées (*der Schatz der Vorstellungen*) — doit être cherchée dans toutes les parties de l'écorce, ou plutôt dans toutes les parties du cerveau. Mais je soutiens que la pensée abstraite exige nécessairement des organes particuliers, et ces organes, je les cherche dans le cerveau frontal (*Stirnhirn*).

« *A priori*, il serait au plus haut point invraisemblable que l'énorme masse de substance cérébrale qui constitue les lobes frontaux de l'homme, dût servir à des fonctions presque entièrement aussi simples que les mouvements de la colonne vertébrale, et les recherches accomplies jusqu'ici n'ont fait que donner plus de force à mes doutes à ce sujet (1). »

Goltz partage en partie ces idées, surtout celles de Munk, mais seulement en partie, je le répète : il croit que chaque territoire de la substance corticale du cerveau participe à la fois aux fonctions que nous désignons par les mots d'instinct, d'intelligence, de pensée, de sentiment, de passion, de volonté (2); ces manifestations élevées de la vie psychique sont des fonctions d'ensemble du cerveau : elles ne sauraient être localisées dans des centres circonscrits de l'écorce du cerveau; elles ne dépendent pas de régions anatomiquement ni physiologiquement distinctes.

Goltz s'élève surtout contre l'antique préjugé, « indéracinable », qui a fait du lobe frontal le siège de l'intelligence. Prisonniers de ce préjugé, dit-il, Hitzig et Ferrier soutiennent que le lobe frontal est l'organe de l'intelligence; or il n'existe pas plus de rapport entre l'intelligence et le lobe frontal qu'avec n'importe quelle autre région du cerveau (3). Dans le mémoire que nous avons cité sur *la Physiologie du cerveau*, où il signale des troubles de la vision consécutifs à des lésions du cerveau antérieur, Hitzig a surtout insisté sur la déchéance de l'intelligence qui suit l'ablation des deux lobes frontaux. Goltz ne nie point cette déchéance : il conteste qu'elle soit plus profonde qu'après une destruction du lobe occi-

(1) *Archiv fuer Psychiatrie*, XV, 1884, p. 274.
(2) IIIᵉ *Mém.*, Résultats ; IVᵉ *Mém.*, Conclusions.
(3) *D. R.*, p, 366.

pital ou du lobe pariétal. Au contraire, les troubles de l'intelligence seraient incomparablement plus graves après des lésions étendues des deux lobes occipitaux qu'après l'ablation des deux lobes frontaux. Ainsi, les chiens opérés des lobes occipitaux ont à ce point perdu toute intelligence qu'ils n'apprendront plus jamais à présenter la patte ; on réussirait plutôt à refaire cette éducation sur des chiens opérés des lobes antérieurs du cerveau, l'intelligence étant moins altérée chez ces derniers. La raison de ce fait, suivant Goltz (1), c'est que la quantité de substance grise corticale enlevée par une ablation des lobes postérieurs du cerveau est, chez le chien, beaucoup plus considérable que dans une ablation du cerveau antérieur.

Mais le même savant qui, d'accord en ceci avec Munk, repousse toute localisation de l'intelligence et considère les fonctions que résume ce mot comme une sorte de résultante de l'activité de toutes les régions du cerveau, refuse d'admettre que des animaux qui ont perdu une partie de leurs images sensorielles, telles que celles de la vue ou de l'ouïe, subissent une déchéance partielle de l'intelligence et s'acheminent ainsi vers la démence. L'intelligence, écrit Goltz contre Munk, peut exister et persister sans trouble alors même que les représentations d'un sens sont perdues ou n'ont jamais existé. Un vieux chien aveugle et sourd, par exemple, peut donner des preuves d'une intelligence remarquable, parce qu'il élabore avec réflexion les impressions des sens qui lui restent, celles de l'odorat et du toucher, — tandis qu'un jeune chien, doué des sens les plus pénétrants, peut ne tirer aucun parti raisonnable de ses vives et nombreuses perceptions sensibles. Puis Goltz retombe dans ses intempérances de polémique : il soutient sérieusement que, si l'on en croyait Munk, les pensionnaires d'un institut d'aveugles ou de sourds-muets devraient tous être ou devenir déments ! Et il ne manque pas de rappeler le cas de Laura Bridgmann, si intelligente, quoique aveugle et sourde-muette.

Que de paralogismes ! Comment, en effet, comparer le cerveau sain d'un aveugle ou d'un sourd-muet ordinaire, à l'encéphale d'un animal qui, a plusieurs reprises, a subi des lésions profondes, étendues, de l'écorce cérébrale, des ganglions de la base quelquefois, ainsi que des faisceaux blancs de

(1) V° *Mém.* 484 sq.; *D. R.*, 2° art.

la capsule interne, avec tout le cortège ordinaire des atrophies secondaires et des dégénérescences progressives? Certes, des atrophies secondaires existent ou doivent exister dans les cerveaux de sourds-muets ou d'aveugles; il suffirait de les chercher pour les trouver toujours; l'absence congénitale ou la perte d'un organe périphérique des sens entraîne nécessairement, par le défaut d'usage, l'atrophie des voies nerveuses et des centres corticaux de ces organes. Le sourd-muet, l'aveugle, livré à lui-même, sans éducation, subirait fatalement la déchéance intellectuelle qui accompagne tout processus régressif du cerveau. Mais qui ne sait que, chez les sourds-muets qui apprennent à parler, les images optiques et tactiles suppléent les images acoustiques, si bien que des rapports anatomiques s'établissent plus étroits que chez les autres hommes entre les territoires corticaux de la vision et du toucher et ceux de l'articulation des mots? Frappé d'aphasie sensorielle, un tel sourd-muet perdra, non les images acoustiques des mots, mais les images tactiles et optiques de son langage; atteint d'aphasie motrice, ce seront, comme chez les autres hommes, les images motrices des mots articulés qui s'effaceront (1).

Mais c'est assez défendre Munk contre des objections aussi paradoxales. L'aveugle et le sourd-muet, comme le pied-bot congénital, sont frappés d'un arrêt de développement dans leurs centres psycho-sensoriels ou psycho-moteurs. Mais, ainsi que l'ont vu Panizza, Gudden, Monakow, l'atrophie d'une région cérébrale est souvent compensée par l'hypertrophie d'une autre région; une sorte de balancement organique s'établit; l'intelligence, qui n'est que la somme des résidus de toutes les perceptions sensibles, est plus ou moins étendue chez l'aveugle ou le sourd-muet de naissance : elle est saine, sinon normale, et peut fournir sa carrière. On n'en peut dire autant de celle des chiens que Goltz a rendus déments, en détruisant précisément tous les centres psycho-sensoriels et psycho-moteurs.

Des préoccupations du même genre, c'est-à-dire inspirées surtout par des raisons de polémique, ont conduit Goltz dans un autre nid de paralogismes, véritable guépier. Goltz avait admirablement vu et établi, grâce aux traumatismes presque toujours considérables du cerveau de ses chiens, que

(1) Wernicke, *Der apasische Symptomencomplex*, p. 34.

l'animal qui a subi de grandes pertes de substance cérébrale peut être appelé une « machine réflexe mangeant et buvant » (1). Mais, s'étant aperçu que les partisans des localisations cérébrales s'empareraient de cette remarque pour expliquer par des mouvements purement réflexes, et non plus volontaires, tous les mouvements qu'accomplit un animal après la destruction complète de ses centres psycho-moteurs, c'est-à-dire des centres des mouvements volontaires ou conscients, il se hâte de fermer cette porte à l'invasion de la doctrine ennemie. Un chien mutilé du cerveau, qui éprouve encore le désir de satisfaire sa faim et sa soif est, dit-il, plus qu'un mécanisme réflexe. Les grenouilles et les oiseaux dont le cerveau tout entier a été enlevé ne manifestent plus par aucun signe qu'ils souffrent de la faim ou de la soif.

Faut-il donc conclure de ces paroles de Goltz que, chez ses chiens mutilés, les mouvements sont volontaires, non réflexes ? Il le paraît bien : mais quel sera, à cet égard, le critérium ? De son aveu, il n'en existe aucun. « Je tiens, dit-il, pour incapable d'aboutir tout essai de distinction tranchée entre les purs mouvements réflexes et les mouvements volontaires conscients. » Dans la plupart des cas, tout indice fait défaut pour reconnaître avec certitude si tel mouvement d'un organisme vivant est accompli avec ou sans conscience.

Ici encore nous trouvons des faits bien observés, mais un raisonnement défectueux. Puisqu'il est impossible de distinguer rigoureusement les mouvements réflexes des mouvements volontaires, pourquoi essayer de les distinguer ? Qui nous assure qu'ils existent ? Des mouvements volontaires supposent d'ailleurs l'existence d'une volonté, c'est-à-dire d'une faculté qui, comme la mémoire et l'intelligence, n'est qu'une abstraction, une vaine entité d'école. Tout mouvement d'un organisme est nécessairement réflexe, qu'il s'agisse d'une simple contraction musculaire ou d'une réaction aussi complexe que celle de tout notre être en présence d'un danger à éviter, qu'il s'agisse des mouvements externes par lesquels nous manifestons nos besoins, notre humeur, notre caractère, ou des mouvements internes des réactions mutuelles de nos éléments nerveux. Dans les organismes comme dans le reste du monde, il n'y a qu'actions et réactions ; et, naturellement, les mêmes lois du mouvement, les mêmes

(1) IV° Mém., p. 31.

lois mécaniques, qui régissent les corps célestes des plus lointains systèmes comme les mouvements de la sève chez les végétaux, gouvernent également le chœur des atomes de nos molécules cérébrales et spinales. Le mécanisme des représentations mentales, des images sensorielles ou des images motrices, est donc aussi fatalement déterminé que celui de la cristallisation d'un sel ou du flux et reflux des marées. Point d'autre différence que la complexité croissante ou décroissante des phénomènes.

La seule distinction spécieuse qu'on pourrait faire entre les mouvements de l'organisme serait celle de conscients et d'inconscients, distinction d'ailleurs admise et maintenue par Goltz. Mais la conscience n'est qu'un état, un épiphénomène : ce n'est pas plus un être que la volonté. Ainsi que la mémoire, la conscience, à quelque degré que ce soit, est une propriété universelle de la matière organisée tout au moins. Si elle ne nous est généralement connue que sous certains modes, auxquels nous donnons le nom d'activité psychique, de fonctions psychiques de la vie, elle n'en existe pas moins *pour soi*, sinon pour nous, dans les ganglions du grand sympathique et de la moelle épinière, bref dans tout groupe de cellules nerveuses associées. La conscience varie en intensité et en étendue avec la nature et le nombre des éléments cellulaires du groupe, que celui-ci soit constitué par deux éléments, voire par un seul élément aux fonctions encore indifférenciées (cellules neuro-musculaires de l'hydre d'eau douce), ou par des milliards de cellules nerveuses indéfiniment différenciées, telles que celles des circonvolutions cérébrales. Il n'existe donc point, à proprement parler, de mouvements inconscients *en soi*. Les mouvements devenus tels en apparence, pour nous, par l'accoutumance, l'adaptation et l'instinct, sont tout au plus subconscients dans le cours ordinaire de la vie : ils peuvent toujours redevenir conscients, et ils le redeviennent en effet sous l'influence d'un grand nombre de causes.

Mais il y a, chez Goltz, pour la science de l'intelligence, quelques pages bien curieuses, quoique étranges, qu'on devra méditer. Il s'agit de l'action profonde, et absolument opposée, que peut exercer sur le caractère (*Gemuethsart*) des animaux l'ablation des parties antérieures ou postérieures du cerveau. « Quand j'ai commencé ces recherches, a dit Goltz en parlant de ces expériences, j'étais bien éloigné de penser que les différentes régions du cerveau pussent avoir une action différente

sur le caractère. On peut bien croire que j'ai observé sans
parti pris (1). »

Après l'ablation des lobes antérieurs du cerveau (*Vorderhirn*),
Goltz a observé, outre les altérations du mouvement et de la
sensibilité générale que nous avons signalées, trois ordres de
phénomènes, d'ailleurs tout à fait connexes, qui diffèrent
diamétralement de ceux qui suivent l'ablation du cerveau
postérieur (*Hinterhirn*), abstraction faite également des diverses altérations de la sensibilité spéciale.

Les phénomènes observés chez le chien après l'ablation
bilatérale du cerveau antérieur, sont : 1° des phénomènes
d'excitation générale exagérée ; 2° l'absence de contrôle ou de
domination sur soi-même ; 3° l'exagération de certains mouvements réflexes incoercibles, par défaut des fonctions d'arrêt ou d'inhibition. — Laissés libres dans la chambre, ces
chiens courent en faisant de grands cercles jusqu'à épuise-
ment : « Ils obéissent, dit Goltz, à une impulsion interne,
toute mécanique, qu'ils ne peuvent maîtriser. » « Ces chiens
sont fous », répètent les gens qui les voient. « Ils ont perdu
la faculté d'arrêter volontairement les réflexes qui ont leurs
centres dans la moelle allongée et dans la moelle épinière (2). »
Cette façon de parler est tout à fait inexacte, pour les physiologistes encore plus peut-être que pour les psychologues, mais
ce qui suit l'expliquera sans autre commentaire. L'hyperesthésie de la peau et l'hyperexcitabilité réflexe, la violence et
l'irrésistibilité des mouvements et des actes, tous phénomènes
connexes, doivent dériver de la lésion expérimentale des
fibres qui relient le cerveau antérieur à la moelle allongée et
à la moelle épinière. Tandis qu'un cerveau normal peut tem-
pérer, modérer, régler, arrêter les réflexes spinaux, le cerveau de ces chiens en est incapable, en partie parce que la puissance d'inhibition de cet organe est affaiblie ou abolie, en
partie parce que les solutions de continuité des faisceaux lésés
s'opposent à ce que le reste du cerveau puisse encore agir
inhibitivement sur le bulbe et sur la moelle épinière. Voilà
l'hypothèse de Goltz, hypothèse des plus séduisantes lorsqu'on
se rappelle les relations anatomiques du lobe frontal avec le
pont de Varole et les hémisphères du cervelet entre autres,
c'est-à-dire avec des parties plus particulièrement en rapport

(1) V° *Mém.*, p. 502.
(2) V° *Mém.*, p. 477.

avec la moelle épinière. Flechsig (1) fait même la remarque
que, dans la série animale, le développement de la zone frontale est en rapport avec celui du pont de Varole et des
hémisphères cérébelleux.

Au point de vue psychologique, les phénomènes d'hyperexcitabilité réflexe et d'irrésistibilité motrice après l'ablation du cerveau antérieur, se traduisent par ce que Goltz
appelle le caractère irritable, agressif, violent jusqu'à la
fureur. De bons animaux, les chiens les plus pacifiques du
monde, peuvent devenir, après cette opération, méchants,
hargneux, batailleurs. Emportés par une sorte d'aveugle-
ment furieux, ils se précipitent, dès qu'ils les aperçoivent,
sur des chiens qui ne leur ont jamais fait aucun mal, qu'ils trai-
taient même autrefois en amis : ils les mordent, les déchirent
avec rage. Ce « changement de caractère », qui a été observé
par Goltz dans vingt-deux cas, nous paraît de tous points
explicable par l'hypothèse dont nous venons de parler.

Aussi bien, chez l'homme aussi on a signalé les mêmes
phénomènes d'excitation, d'agitation inquiète, de violence,
dans les lésions du lobe frontal. Le cas du mineur américain,
relaté tout au long par D. Ferrier, est célèbre (2). Phinéas
P. Gage, âgé de vingt-cinq ans, bourrait un trou de mine au
moyen d'une barre de fer pointue ; la charge éclate ; la barre
de fer, la pointe en avant, traversa net le sommet du crâne,
dans la région frontale, près de la suture sagittale. Ni paralysie ni anesthésie, dit-on, mais changement profond du
caractère. Or, d'après la relation de Harlow, ce mineur,
jusqu'alors considéré par ses chefs comme un des meilleurs
conducteurs de travaux, fut jugé incapable de continuer ses
anciennes fonctions. « L'équilibre, la balance, pour ainsi dire
entre ses facultés intellectuelles et ses penchants instinctifs
semblent détruits. » Nerveux, irrespectueux, il jure maintenant de la façon la plus grossière ; il supporte impatiemment
la contrariété et n'écoute plus les conseils des autres ; à certains moments il est d'une obstination excessive, bien qu'in-
décis et capricieux. « C'est un enfant pour l'intelligence, un
homme pour les passions et les instincts. » Chacun dit : « Ce
n'est plus là Gage ».

(1) Flechsig, *Plan des menschlichen Gehirns*, p. 37.
(2) *De la localisation des maladies cérébrales*, trad. par H. C. de
Varigny (Paris, 1880), p. 46 et suiv.

Le caractère irritable et violent dans les lésions du lobe frontal a encore été noté dans des observations de Congreve-Selwyn, Lépine, Davidson, etc., ainsi que la nature automatique, purement réflexe, des mouvements. Dans le cas de Baraduc, un vieillard dont les trois circonvolutions frontales des deux hémisphères furent trouvées atrophiées, se promenait constamment *en rond*, ramassait ce qu'il rencontrait, ne parlait plus, et était tombé d'ailleurs dans un état de démence complète. Depuis assez longtemps mon attention ayant été attirée sur ce point, j'ai pu réunir moi-même un certain nombre d'observations qui s'accordent à montrer l'existence du caractère irritable et violent dans les lésions des lobes frontaux.

Après l'ablation du cerveau postérieur, les symptômes psychiques offrent le plus frappant contraste. Les chiens les plus mauvais, les plus violents et les plus agressifs, deviennent bons, doux et inoffensifs (1). Dans douze cas, Goltz a observé ce « changement de caractère ». C'est en vain que les autres chiens les attaquent, les mordent, les volent, leur enlèvent l'os qu'ils rongent, ils n'entrent plus en colère. Leur démarche est lente, circonspecte (ce qui s'explique d'ailleurs par l'état du sens de la vue). Veulent-ils sortir de leur cage, ils ne manifestent leur désir que par des plaintes, non plus par des aboiements. Il est remarquable que ces chiens, en effet, n'aboient plus. Goltz déclare ironiquement qu'il renonce à la tentation de situer le centre de l'aboiement (Bell-Centrum) dans le lobe occipital. « Cela suffit, ajoute-t-il, pour apprécier ce que je pense du travail de H. Krause. » La vérité est que ce travail, inspiré par les doctrines et les expériences de Munk, est un modèle de solidité scientifique et d'élégante précision (2). Krause met à nu le gyrus préfrontal d'un chien narcotisé, entre le sillon crucial et le lobe frontal ; en excitant cette circonvolution avec un courant d'induction, il obtient entre autres des mouvements de déglutition, l'élévation du voile du palais, de la partie postérieure du dos de la langue et du glosso-palatin, la contraction du constricteur supérieur du pharynx, l'occlusion partielle ou totale de la glotte et de

(1) V° *Mém.*, 500 sq.
(2) *Ueber die Beziehungen der Grosshirnrinde zu Kehlkopf und Rachen.* (Comptes rendus des séances de l'Acad. des sciences de Berlin, 8 nov. 1883.) Munk avait supposé que les centres corticaux des mouvements du larynx devaient se trouver dans les partie latérales de la région de la nuque (*Nackenregion.* H.).

l'orifice supérieur du larynx. Il extirpe ensuite le gyrus préfrontal des deux côtés : comme les chiens dont nous parle Goltz, ces chiens ainsi opérés ou n'aboient plus du tout ou ne poussent qu'un léger gémissement. A l'autopsie (8 à 11 semaines après l'opération), les chiens dont l'ablation du gyrus préfrontal avait été unilatérale, présentent des dégénérations secondaires dans le pédoncule cérébral et dans le corps mamillaire du même côté, ce qui impliquerait que les corps mamillaires, placés sur le parcours des fibres du gyrus préfrontal, sont en rapport anatomique et physiologique avec l'écorce de cette région cérébrale. Quoi qu'il en soit, car de nouvelles recherches sont encore nécessaires pour bien établir les relations de l'écorce avec le larynx et le pharynx, il semble qu'il y a mieux à faire qu'à railler et à défier la science : elle ne fait guère attendre ses réponses aujourd'hui, et Goltz devrait se rappeler comment elle a toujours répondu à ses défis.

Chez les chiens dont les lobes occipitaux ont été enlevés, et qui présentent un « caractère » si différent des chiens opérés du cerveau antérieur, Goltz a noté que, contrairement à ce qui arrive chez ces derniers, il n'y a point trace d'hyperexcitabilité réflexe. Ces chiens ne savent plus s'orienter dans l'espace : à l'appel de leur nom, ils ne vont jamais directement vers le point d'où est parti le son. Goltz parle bien à ce sujet d'une lésion du « sens de l'orientation » (*Richtungssinn*), mais il ne donne pas la seule explication plausible peut-être de ce trouble. Je la trouve dans Munk (1) : après l'ablation du cerveau postérieur, le chien sans sphère visuelle, outre les représentations de la vision mentale, perd aussi celles de l'espace (*Raumvorstellungen*) qui sont dérivées des perceptions de la vue. Il doit lui rester encore les idées de l'espace qu'il a acquises par l'exercice du sens musculaire et de la sensibilité générale. En tout cas, il y a dans ces modes de la sensibilité une source de notions d'espace qui, avec le temps, pourraient suppléer celles qui manquent, mais seulement dans la mesure où un aveugle intelligent, par le toucher, et aussi par l'ouïe et par l'odorat, peut suppléer le sens de la lumière et des couleurs. La vision ne fait très probablement connaître que des surfaces colorées à deux dimensions. Cette sorte de suppléance est donc tout à fait *sui generis* ; en réalité, elle ne peut

_____
(1) *Ueber die centralen Organe*, etc. Acad. d. sciences de Berlin, 3 et 11 févr. 1886.

plus remplacer que par des équivalents d'un tout autre ordre des sensations absolument hétérogènes, et dont rien ne peut donner l'idée à celui qui ne les a jamais connues ou qui, comme les chiens opérés des lobes occipitaux, ne peut plus se les représenter.

Goltz a noté chez ces chiens une tendance à engraisser, tandis que ceux dont les lobes antérieurs du cerveau ont été enlevés ont de la tendance à maigrir. En outre, il a observé chez ceux-ci une maladie de la peau de nature inflammatoire, un eczéma plus étendu et moins curable que chez ceux-là. Ces troubles de nutrition étaient importants à signaler. Rappelons encore qu'on ne surprend pas chez les chiens privés du cerveau postérieur ce défaut d'adaptation musculaire, cette maladresse dans la préhension et la fixation entre leurs pattes des os à ronger, qu'on observe chez ceux qui ont subi l'opération contraire. Le toucher et le sens musculaire ne sont pas altérés. Mais si la motilité et la sensibilité générale sont peu ou ne sont pas lésées, on sait que tous les autres sens ont paru à Goltz frappés de cet affaiblissement diffus de la perception, de cet effacement des images ou représentations visuelles, auditives, olfactives, etc., qui correspond si bien à ce qu'on nomme la démence (1).

On n'est donc pas peu surpris d'entendre Goltz nous dire que, peut-être, le principal symptôme de déficit mental de ces animaux, la vraie cause de l'obtusion de leur sens, c'est le *défaut d'attention* (2) ! Quand nous sommes distraits, dit-il,

(1) On trouvera dans les *Leçons cliniques sur les maladies mentales et sur les maladies nerveuses* (1883) de M. Auguste Voisin, de curieux rapprochements qu'il serait peut-être permis de faire entre cet état d'affaiblissement général de la perception sensorielle, observé chez les animaux amputés du cerveau postérieur, et les troubles de la sensibilié spéciale (vision, odorat, goût, ouïe) et de la sensibilité générale signalés par le savant médecin de la Salpêtrière dans la mélancolie prodromique de la périencéphalite diffuse (p. 508-511). Cf. aussi ce qu'il rapporte, pour l'avoir souvent observé, de la localisation primitive des lésions dans les circonvolutions pariétales dans les délires partiels d'origine sensorielle ; la démence indique que les lésions se sont propagées au cerveau antérieur et au cerveau postérieur (p. 106-107). C'est aux cliniques de maladies mentales de M. Auguste Voisin, à la Salpêtrière, et dans ses belles démonstrations d'anatomie pathologique du système nerveux, que j'ai entrevu pour la première fois, il y a bien des années (1865), — qu'on me pardonne ce souvenir, — l'immense portée de ces études pour le renouvellement de la science de l'esprit.

(2) IV° *Mém.*, 44.

les choses passent sans laisser de traces dans notre conscience, bien que nos organes des sens aient pu être et aient été souvent vivement excités ; cependant nous ne voyons ni n'entendons. — Certes, mais nous pourrions voir ou entendre, tandis qu'un chien dont les deux hémisphères cérébraux sont profondément mutilés manque précisément des organes de la perception consciente. Goltz veut-il faire de l' « attention » une faculté de l'esprit? Cet adversaire acharné des phrénologistes anciens et modernes veut-il ressusciter de vaines entités spirituelles ? Il n'aurait que trop de tendance, s'il ne s'observait, à revenir à Gall comme il est revenu à Flourens. Sans doute, il existe bien un état d'esprit qu'on appelle attention, état dont nous sommes loin de connaître toutes les conditions anatomiques et physiologiques. Mais, comme tous les états de l'esprit, comme toutes les fonctions de l'organisme, l'attention est un effet tout autant qu'une cause ; elle accompagne certains processus du cerveau avec lesquels elle apparaît et disparaît ; elle est l'aspect interne, psychique, conscient, d'un phénomène biologique dont les conditions physico-chimiques sont pour nous l'explication ultime. Ce n'est pas « la perte de l'attention » qui empêche les chiens opérés des deux hémisphères cérébraux de percevoir et d'élaborer les impressions de leurs sens; ils ne sont plus attentifs, parce que leurs perceptions sont très affaiblies; les deux symptômes relèvent d'une même cause : la destruction étendue de l'organe de l'intelligence.

Cest à cette profonde déchéance psychique généralisée, consécutive aux traumatismes cérébraux, qu'il convient certainement d'attribuer ce que Goltz persiste à appeler un « changement de caractère. » Des animaux violents, hargneux, vindicatifs, sont devenus sous ses yeux, après l'extirpation du cerveau postérieur, bons et dociles : voilà ce qu'il redit sans cesse, toujours étonné et perplexe. N'a-t-il pas été jusqu'à écrire: « On dirait que l'organe de la défiance et de la colère leur a été enlevé » ! Il ne manquerait plus, je le répète, à ce contempteur de la doctrine moderne des localisations, à ce continuateur de Flourens, de finir par devenir disciple de Gall ! Les extrêmes ont quelquefois de ces rencontres. Mais ce n'est point tout à fait le cas ici, quoique Goltz parle de caractères « bons » et « méchants » comme un phrénologiste de l'ancienne école. « Je suis bien éloigné, dit-il, de songer à suivre les traces de Gall. » Il nous prévient donc qu'il ne

cherchera pas dans le cerveau postérieur un organe de la cir-
conspection et de l'empire sur soi-même, dans le cerveau
antérieur un organe de la violence et de la colère. Nous voilà
avertis. Mais, quant à expliquer les modifications contraires
du caractère après l'ablation de certains lobes cérébraux,
c'est une entreprise devant laquelle il recule décidément.
Goltz demeure plus surpris qu'il ne le voudrait paraître de
ces résultats inattendus de ses propres expériences.

Or, cet étonnement de Goltz est dû encore à un paralogisme.
Il considère le « caractère » comme il fait la « volonté » : il
réalise, il crée une entité purement imaginaire. Le caractère n'est pas un être, c'est la manière dont un organisme
réagit aux excitations du milieu, c'est un mode de la matière
vivante, un état qui diffère avec chaque être organisé parce
que les conditions internes et externes d'évolution n'ont jamais été, ne sont et ne seront jamais les mêmes, ni phylogé-
nétiquement ni ontogénétiquement, pour deux organismes.
Le caractère de chaque homme est ce qu'il y a d'élémentaire
en quelque sorte dans sa structure organique, dans son protoplasma cellulaire, dans la matière et dans les fonctions de
cette colonie d'organites qu'on nomme un individu. La conscience n'éclaire presque jamais ces profondeurs inconnues
de nous-mêmes, où plongent cependant les racines de notre
existence psychique. Après quoi, il y a quelque simplicité de
la part de Goltz à parler du « caractère » comme on parle de
la mémoire ou de la contractilité musculaire. Il y a encore
plus de naïveté à parler d'une localisation du caractère, soit
dans « les régions de la base du cerveau », soit ailleurs, comme
vient de le faire M. Azam. Autant vaudrait localiser « les
idées de tristesse » dans « les régions temporales et sphénoï-
dales », ainsi qu'a tenté de le faire M. Mairet dans un livre
entier (1883). Tout effort de bonne foi pour établir ce qu'on
croit être le vrai ou le vraisemblable est certes respectable.
Mais il est clair qu'en cherchant à localiser de simples ré-
sultantes comme le caractère, la tristesse ou la gaîté, etc.,
on ne paraît point avoir une idée bien juste de ce qu'on
appelle aujourd'hui, en Europe, la doctrine moderne des localisations cérébrales. En tout cas, ces essais malheureux sont
absolument contraires à l'esprit de cette doctrine.

Conclusion

Arrivé au terme de cet examen critique des doctrines de Fr. Goltz sur les fonctions du cerveau, il nous reste à jeter un dernier regard sur le chemin parcouru. Après avoir indiqué le but et la méthode, nous avons successivement exposé, en les rapprochant des doctrines contemporaines sur les mêmes sujets et en les discutant à la lumière de ces écrits, les résultats des expériences de Goltz sur les fonctions motrices du cerveau, ainsi que sur les fonctions de la sensibilité générale, de la sensibilité spéciale, de l'intelligence. Très hostile en fait à toute localisation cérébrale, sans en nier en principe la possibilité, Goltz a été l'adversaire le plus redoutable, le mieux armé aussi, de la doctrine contraire. C'est pourquoi nous l'avons choisi pour inaugurer cette histoire des doctrines psychologiques contemporaines. Quoiqu'il se défende d'être homme de parti, Goltz a été le chef d'une école, peut-être a-t-il encore des disciples, et lui seul vaut toute une armée. Nous avons rendu justice à sa science, à son grand talent, à sa loyauté chevaleresque, à ses longues, patientes et délicates observations, continuées durant tant d'années.

Si les résultats des expériences et des observations de ce physiologiste éminent avaient prévalu, surtout s'ils avaient le sens et la portée que Goltz, par un vice de raisonnement, a toujours été le seul à leur attribuer, la doctrine de l'hétérogénéité fonctionnelle du cerveau, la doctrine de Fritsch et Hitzig, de Ferrier, de Munk, de Luciani, d'Exner, de Charcot, aurait reçu, au moins pour un temps, une atteinte sensible.

Mais, non seulement les faits et les doctrines de Fr. Goltz n'ont point prévalu : ils ont fourni contre Goltz lui-même des preuves et des arguments décisifs en faveur de la doctrine des localisations cérébrales. Nous nous sommes appliqué à mettre en pleine lumière l'accord profond qui résulte des recherches de Goltz et de celles des physiologistes et des cliniciens contemporains, sur les fonctions de la zone fronto-pariétale et sur celles de la zone occipito-temporale du cerveau.

Qu'importe que Goltz ait pris les chemins les plus détournés dans l'obscure forêt de la science, s'il a fini, lui aussi,

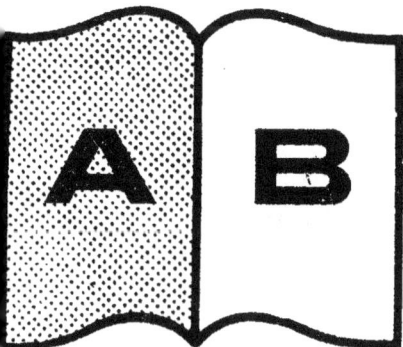

Contraste insuffisant
NF Z 43-120-14

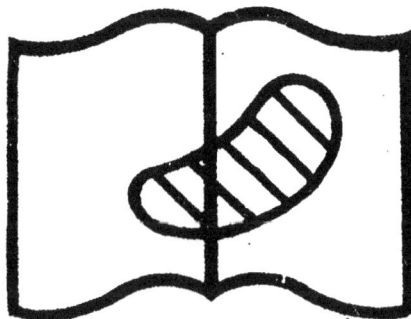

Illisibilité partielle

VALABLE POUR TOUT OU PARTIE DU
DOCUMENT REPRODUIT.

par arriver à cette clairière où tant d'autres l'avaient précédé, s'il a fini par reconnaître que les troubles de la motilité et de la sensibilité générale se montrent surtout dans les lésions du cerveau antérieur, les altérations de la sensibilité spéciale, et partant celles de l'intelligence, surtout dans les lésions du cerveau postérieur ?

Le jour où Goltz a écrit que « les lobes du cerveau n'ont point la même fonction », que les lobes antérieurs et les lobes postérieurs sont fonctionnellement hétérogènes, il a rendu hommage, quoi qu'il ait dit depuis et quoi qu'il puisse dire dans l'avenir, à tout un ordre de vérités supérieures qui tendent aujourd'hui à se dégager des faits d'observation et d'expérience, et qui seront demain le plus solide fondement de la science nouvelle, de la psychologie physiologique ou expérimentale.

Extrait de l'*Encéphale*, journal des maladies mentales et nerveuses

TABLE DES MATIÈRES

Le Mans. — Typographie Edmond Monnoyer.

www.ingramcontent.com/pod-product-compliance
Lightning Source LLC
Chambersburg PA
CBHW070858280326
41934CB00008B/1489